Detmar Doering · Frédéric Bastiat

D1726984

Denker der Freiheit

herausgegeben vom
Liberalen Institut der
Friedrich-Naumann-Stiftung

Band 3

Detmar Doering

Frédéric Bastiat

Academia Verlag ▲ Sankt Augustin

Die Deutsche Bibliothek – CIP-Einheitsaufnahme

Doering, Detmar:
Frédéric Bastiat / Detmar Doering.
– Sankt Augustin : Academia Verl., 1997
(Denker der Freiheit ; Bd. 3)
ISBN 3-89665-022-X
NE : GT

1. Auflage 1997

© Academia Verlag GmbH
Postfach 16 63, D-53734 Sankt Augustin
Printed in Germany

Alle Rechte vorbehalten

Ohne schriftliche Genehmigung des Verlages ist es nicht gestattet, das
Werk unter Verwendung mechanischer, elektronischer und anderer
Systeme in irgendeiner Weise zu verarbeiten und zu verbreiten. Insbesondere
vorbehalten sind die Rechte der Vervielfältigung – auch von Teilen des
Werkes – auf photomechanischem oder ähnlichem Wege, der tontechnischen
Wiedergabe, des Vortrags, der Funk- und Fernsehsendung, der Speicherung in
Datenverarbeitungsanlagen, der Übersetzung und der literarischen
und anderweitigen Bearbeitung.

Herstellung: Richarz Publikations-Service GmbH, Sankt Augustin

DER AUTOR

Detmar Doering, Jahrgang 1957, Dr. phil., Studium in den Fächern Philosophie und Geschichte an der Universität zu Köln und am University College London. Gründungsvorsitzender des Landesverbandes Nordrhein-Westfalen der Jungen Liberalen (1980-82). Stellvertretender Leiter des Liberalen Instituts der Friedrich-Naumann-Stiftung. Mitglied im Akademischen Beirat des Internationalen Hayek-Symposiums an der Universität Gent. Mitglied der Mont Pèlerin Society. Verheiratet, Vater einer Tochter, lebt in Köln.
Autor zahlreicher Artikel, u. a. in der Frankfurter Allgemeinen Zeitung, der Neuen Zürcher Zeitung, liberal, Reflexion.
Buchpublikationen: Die Wiederkehr der Klugheit: Edmund Burke und das Augustan Age (1990); Kräfte des Wandels? Liberale Jugendorganisationen von der sozialliberalen Koalition bis heute (m. Lieselotte Stockhausen-Doering, 1990); Kleines Lesebuch über den Liberalismus (hrsg., 1992, 2. Aufl. 1994; in zahlreiche Sprachen übersetzt); Liberalismus – Ein Versuch über die Freiheit (1993); Freiheit: Die unbequeme Idee (hrsg. m. Fritz Fliszar, 1995).

INHALT

1. ÖKONOM ODER PUBLIZIST?

Die Reputation in der etablierten Wissenschaft kann eine heikle Sache sein. Anderweitig offenkundliche Vorteile können sich hier oft als Nachteile erweisen. *Frédéric Bastiats* Nachruhm ist ein gutes Beispiel dafür. Kaum jemand, der je über ihn schrieb, konnte umhin, ihm ein ungeheueres stilistisches und publizistisches Talent zu bestätigen. Der große österreichische Ökonom *Ludwig von Mises* spricht 1927 in seinem Buch *Liberalismus* davon, daß Bastiat ein „glänzender Stilist" gewesen sei und „die Lektüre seiner Schriften einen ganz besonderen Genuß gewährt."[1] Sein Landsmann *Josef Schumpeter* hält ihn für den brillantesten Wirtschaftsjournalisten, der je gelebt hat.[2] In der Tat hat die Sache des Liberalismus und des Freihandels kaum je einen wortgewaltigeren Fürsprecher gefunden. Mal von einer fast an Voltaire erinnernden Ironie,[3] mal fast schwärmerisch religiös, doch immer von einer klaren und rationalen Logik beseelt, verficht Bastiat sein Anliegen in einer Weise, daß man sich nur wundern kann, wie der italienische Historiker *Guido de Ruggiero* 1930 es ernstlich fertigbringen konnte, sein Werk als „langweilig" zu beschreiben.[4]

Der nun keineswegs langweilige journalistische Stil hat allerdings verhängnisvolle Konsequenzen mit sich gebracht – nämlich den Ruf der Oberflächlichkeit. Was sonst von Vorteil ist, kann in einer akademischen Welt, die nur unverständliche Ausdrucksweise als wahrhaft 'wissenschaftlich' gelten läßt, zum Nachteil umschlagen. Zumindest gibt es der akademischen Zunft den willkommenen Anlaß, sich gar nicht erst mit ungeliebten Positionen auseinanderzusetzen.[5] Erst die mühselige Arbeit einiger weniger Bastiat und seinem Erbe treu gebliebener Wirtschaftswissenschaftler und -historiker hat die lange überfällige Ehrenrettung Bastiats als einem seriösen Ökonomen bewerkstelligen können.

2. DER KAMPF GEGEN DEN HUNGER: MANCHESTER-LIBERALISMUS

Um seine Bedeutung als einem der wichtigeren politischen Ökonomen des 19. Jahrhunderts ermessen zu können, muß man zunächst einmal seinen Blick von Bastiats Geburtsland Frankreich abwenden und nach England richten.

Im Jahre 1836 durchzieht eine enorme Teuerungswelle England. Arbeitslosigkeit folgt, der wiederum gewalttätige Ausschreitungen folgen. Pauperismus greift um sich. 1845 steigert sich in Irland die Krise zu einer Hungersnot, die mehrere Jahre anhält und allein im Winter 1847 250.000 Opfer fordert. Einige schlechte Ernten werden als Ursache angeführt, doch der wahre Grund sitzt tiefer und ist politischer Natur. Die Mißernten können nicht durch preisgünstige Importe kompensiert werden. Im Gegenteil: das im Lande bereits knappe Getreide wird sogar ausgeführt. Schuld daran sind die protektionistischen *Corn Laws*, die auf ausländisches Getreide hohe Zölle erheben und obendrein noch den Export inländischen Getreides subventionieren. Die Gesetze haben ihren Ursprung im 17. Jahrhundert, dem Zeitalter des Merkantilismus, das von dem Glauben beherrscht war, daß derartige Maßnahmen als Exportanreiz zum Anwachsen der Produktion führen würden. Schon *Adam Smith* warnt 1776 in seinem Buch *The Wealth of Nations* davor, daß durch Exportsubventionen in Zeiten schlechter Ernte die Knappheit „noch erheblich verschärft"[6] würde. 1805 schreibt der Ökonom *James Mill*, der Vater des wesentlich berühmter gewordenen liberalen Philosophen *John Stuart Mill*, eine Abhandlung, die sich ausschließlich mit den verheerenden Folgen der *Corn Laws* beschäftigt. Allein der lange und umständliche Titel des Traktats – *An Essay on the Impolicy of a Bounty on the Exportation of Grain* – zeigt, daß der Protest sich noch weitgehend auf akademische Zirkel beschränkt. Schlimmer noch: Die Ökonomen der Zeit ergehen sich in einem hoffnungslosen Pessimismus. Die historische Erfahrung scheint ihnen recht zu geben, denn es ist kaum zu bestreiten, daß nackte Not und der Massentod durch Verhungern die normale Lage des größten Teils der Menschheit während der gesamten Zeit ihrer Existenz war. Selbst die erleuchtetsten Geister im an sich schon recht prosperierenden England glauben nicht, daß dieses Problem wirklich zu lösen sei. *Edmund Burke*, der große Schriftsteller und Parlamentarier der Whig-Partei, stellt 1795 fest: „Die Armen sind nur arm, weil sie zahlreich sind. Die Anzahl impliziert ihrer Natur gemäß Armut."[7] Und: „Es steht nicht in der Macht der Regierung, uns mit dem Notwendigen zu versorgen."[8] Und der große Ökonom *Thomas Malthus* meint in seiner 1798 erschienen Schrift *Essay on the Principle of Population*, daß allein das Bevölkerungswachstum große Verelendung mit sich bringe, die nur durch drastische politische Maßnahmen zur Geburteneinschränkung ein wenig gelindert werden könne. Sein Landsmann *David Ricardo* entwickelt daraus wiederum 1817 ein *ehernes Lohngesetz*, das die Steigerung des Lebensstandards für die arbeitenden Bevölkerungsschichten für unmöglich erklärt.

Ein solcher Pessimismus bleibt natürlich nicht ohne Folgen. Die politische Mobilisierung bleibt so gering, daß die *Tories* im Parlament 1813 sogar Verschärfungen der *Corn Laws* verabschieden können. Die Folgen werden nach und nach sichtbar. Die dunklen Notjahre der 1830er und 1840er Jahre, die uns *Dickens* in seinen Romanen so eindrücklich schildert, sind nicht das Produkt von *Liberalismus* und *Industrieller Revolution*, wie es das populäre Geschichtsbild gerne unterstellt. Sie sind Folge einer veralteten feudalen Politik, die mit den Herausforderungen der sich abzeichnenden modernen Massengesellschaft nicht mehr fertig wird.

In diese düstere Welt bricht 1840 eine Bewegung ein. Treibende Kräfte hinter der Bewegung sind *John Bright*, Unternehmer und seit 1847 Mitglied des Parlamentes für Manchester, und *Richard Cobden*, ein Kattunfabrikant aus Manchester. Die enge Verbindung der beiden zu der damals aufblühenden Industriestadt in Mittelengland hat der Bewegung den Namen *Manchester-Liberalismus* eingebracht. Von der späteren Geschichtsschreibung ist der *Manchester-Liberalismus* mit Verachtung gestraft worden.[9] Sie hat sich die konservative Propaganda des späten 19. Jahrhunderts kritiklos zu eigen gemacht und behauptet, daß dieser Liberalismus nur von und für eine bürgerliche Kapitalistenschicht gemacht worden sei und daß er für die Verelendung und Entwurzelung des Proletariats verantwortlich sei. Nichts entspricht weniger der Wahrheit.

Als Cobden und Bright die bisher verstreut und lokal operierenden Freihandelsvereine 1840 zu einem wirkungsvollen nationalen Verband – der *Anti-Corn Law League* (Liga gegen die Getreidegesetze) – zusammenschließen, schaffen sie damit zugleich eine Massenbewegung mit tiefer Verwurzelung in der Arbeiterklasse. In der Tat beruht der spätere Erfolg der Bewegung nicht so sehr auf ihrem Rückhalt in der politischen Klasse des Englands, sondern vielmehr auf den 'von außen' entfachten Meinungsdruck der Bevölkerung. Die Ausweitung des Wahlrechts auf weitere Volksschichten nach der liberalen *Reform Bill* von 1832 begünstigt dies in hohem Maße. Mit unermüdlichem Eifer und hohem finanziellem Aufwand gelingt es Cobden mit Unterstützung von Bright einen Propaganda-Apparat von bisher unbekanntem Ausmaß und großem Erfindungsreichtum aufzubauen. Er kann alleine 1844 die damals ungeheure Summe von 100.000 £ an Spenden aufbringen, obwohl gerade viele Industrielle auf seiten der Protektionisten stehen. Über 9 Millionen Broschüren zur Volksaufklärung werden verteilt. Unzählige Veranstaltungen finden im ganzen Inselreich statt, darunter eine wöchentliche Massenversammlung im Londoner *Covent Garden*. In Manchester wird eine riesige *Freihandelshalle* errichtet. Das Parlament wird mit Petitionen aus allen Volksschichten förmlich bombardiert – 1842 sind es 2880 Petitionen mit insgesamt mehr als 1,5 Millionen Unterschriften. Nicht nur die liberalen *Whigs* und *Radikalen*, die dem Prinzip des Freihandels generell offenstehen, werden von der Wucht der Bewegung beeindruckt. Selbst bei den regierenden *Tories* bewirkt der Druck der öffentlichen Meinung ein Umdenken. Es ist schließlich der konservative Premier *Sir Robert Peel*, der den entscheidenden politischen Schritt unternimmt. 1846 setzt er die Abschaffung der *Corn Laws* durch. Cobden und Bright haben ihren ersten großen Triumph errungen.[10] Die Not hat ein Ende; ein Zeitalter bisher ungekannter Prosperität beginnt.

Von nun an geht es Schlag auf Schlag. Peel wird wegen seines 'Verrates' an den feudalistisch-protektionistischen Prinzipien der Tory-Partei von seinen eigenen Parteifreunden, die sich nun um *Benjamin Disraeli* zu scharen beginnen, gestürzt. Die neue liberale Whig-Regierung unter *Lord Russell* schafft 1849 die *Navigationsakte* von 1651 ab und stellt damit die Freiheit des Schiffsverkehrs für England und die Kolonien her. Andere Maßnahmen folgen. Schließlich, 1860, wagen sich die Freihändler auf das diplomatische Parkett. Der Abschluß des Freihandelsabkommens mit Frankreich, das zurecht als der *Cobden-Vertrag* in die Geschichte eingeht, stellt mit der Abschaffung von 371 verschiedenen Zöllen alleine auf englischer Seite einen neuen Höhepunkt in der Entwicklung des *Manchester-Liberalismus* dar. Ein Europa der niedrigen Zölle und offenen Grenzen beginnt zu entstehen.

Daß Frankreich in den Sog der Manchester-Bewegung Cobdens und Brights gerät, ist kein Wunder. Denn: die *Anti-Corn Law League* inspiriert die Menschen auch außerhalb Englands. In fast jedem europäischen Land gibt es bald eine Freihandelsbewegung. In Italien findet sie mit dem renommierten *Giornale degli Economisti* ihr Sprachrohr. In Deutschland wird

1858 der *Kongreß deutscher Volkswirte*, die einflußreichste Vereinigung der Manchester-Liberalen im Lande, ins Leben gerufen. Gründer ist der gebürtige Engländer *John Prince-Smith*, später Abgeordneter des Preußischen Landtages und nach der Reichsgründung 1871 des Reichstages. Mit dem *Kongreß* gelingt es ihm, außerparlamentarische Kräfte zu mobilisieren (wenn auch in weit geringerem Ausmaße als dies Cobden und Bright in England schaffen) und die wirtschaftspolitische Agenda des Liberalismus in Deutschland über Jahrzehnte zu bestimmen. Große Namen gehören dieser deutschen *Manchester-Bewegung* an, etwa der Ökonom *Max Wirth* oder der linksliberale Parteiführer *Eugen Richter*. Prince-Smith legt sein Credo 1843 in dem Buch *Über Handelsfeindseligkeiten* dar, in dem er sich auch eines Themas annimmt, das für die Bewegung zu den Kernanliegen gehört, nämlich die Sicherung des Friedens durch eine gerechte internationale Wirtschaftsordnung, die auf Freihandel basiert.[11]

Aber seinen wahren Künder findet der *Manchester-Liberalismus* weder in England noch in Deutschland, sondern in Frankreich.

3. FRÉDÉRIC BASTIAT: DER FRANZÖSISCHE COBDEN

1844 erscheint im renommierten *Journal des économistes* ein Artikel unter dem Titel *De l'influence des tarifs francais et anglais sur l'avenir des deux peuples*[12] (Der Einfluß der französischen und englischen Zölle auf die Zukunft der beiden Völker), der den Autor umgehend zur Berühmtheit macht. Der Artikel ist eine Abrechnung mit jeglicher Schutzzollpolitik und gipfelt in der Forderung, es der englischen Bewegung um Cobden und Bright auch in Frankreich nachzutun. Als der *französische Cobden* wird der Autor bald bezeichnet: es ist *Frédéric Bastiat.*[13]

Bastiat wird am 29. Juni 1801 in Bayonne geboren. Bereits mit 9 Jahren ist er Vollwaise. Sein Großvater zieht ihn auf. In der Schule im nahen Sorèze wird ihm eine gute, wenn auch nicht überdurchschnittliche Erziehung zuteil. In jungen Jahren ist sein Berufswunsch noch weit von der Ökonomie entfernt. Der an philosophischen Studien interessierte Bastiat möchte Dichter werden. Vielleicht verdanken wir aber dieser frühen Begeisterung für die Poesie jenen den späteren ökonomischen Werken so eigenen schwärmerischen Enthusiasmus und lebhaften Stil.

Als er mit 17 Jahren in die Firma seines Onkels eintreten muß, ist es mit der Karriere als Dichter endgültig vorbei. Aber: das Interesse an ökonomischen Fragen wird geweckt. Im Selbststudium arbeitet er sich durch die Klassiker des Fachs, vor allem Adam Smiths *Wealth of Nations* und die Werke des großen französischen liberalen Ökonomen *Jean-Baptist Say*. Mit einigen Freunden gründet er einen Studienzirkel, der sich sehr bald mit der Frage des Freihandels und dem Kampf der *Anti-Corn Law League* gegen den Protektionismus intensiv befaßt. Der Erfolg seines Artikels im *Journal des Économistes* veranlaßt ihn, sich nun gänzlich diesem Anliegen zu widmen. Die nötige finanzielle Unabhängigkeit dazu verleiht ihm schon 1825 eine Erbschaft, die ihm einigen Landbesitz beschert. Er beginnt ein Leben als Gutsherr, wobei er sich schnell an die entsprechende Lebensweise gewöhnt. Später, als er schon seinen Ruhm als ökonomischer Literat in Paris erlangt hat, mokiert sich die „feine Gesellschaft" der Stadt über sein ländlich-provinzielles Äußeres – kleiner Hut, lange Haare, zu großer Frack und einen einfachen Schirm.

Vom Lande aus fängt er an, sich öffentlich zu engagieren. 1831 wird er *Friedensrichter* in seiner Region, dennoch ist schon bald der Freihandel sein großes Anliegen. Von zahlreichen Zeitungsartikeln inspiriert, bereist er

1845 England, um den Kampf der *League* gegen die Getreidezölle aus nächster Nähe zu studieren. Er lernt Cobden kennen, mit dem ihn bald eine enge Freundschaft verbindet. Im Jahr darauf, als in England die *Corn Laws* fallen, gründet er in Paris die *Associations pour la Liberté des Échange* (Vereinigungen für den freien Handel), einen Dachverband aller französischer Freihandelsvereine. Inspiriert von Cobden, stellt er sich unermüdlich in den Dienst der Sache. Er schreibt Pamphlet über Pamphlet und Artikel über Artikel in allen renommierten Zeitschriften, gründet mit *Le Libre-Échange* (Der Freihandel) schließlich sogar selbst ein wöchentlich erscheinendes Journal, das zum Sprachrohr der *Associations* wird. Als Redner reist er von einem Ort zum anderen. Nicht zu Unrecht wird er einmal als „der größte Evangelist des freien Handels in der Geschichte der Wirtschaftswissenschaften"[14] bezeichnet.

Als 1848 die Revolution die Monarchie der Bourbonen endgültig stürzt, ist es fast selbstverständlich, daß man Bastiat an der Neuordnung des Landes beteiligt. Er wird in die *Verfassungsgebende Versammlung* gewählt. Sein innerparlamentarischer Einfluß bleibt aber gering. Nur eine kleine Zahl von Abgeordneten unterstützt ihn. Er selbst schließt sich keiner Partei an. Ein neuerer amerikanischer Biograph, *George C. Roche*, meint zutreffend: „... manchmal stimmte er mit der Linken und manchmal mit der Rechten. In der Tat ist das einzige durchgängige Merkmal von Bastiats Abstimmungsverhalten, daß er immer mit der Minderheit votierte."[15] Wie Cobden und Bright will er den Weg der Mobilisierung der öffentlichen Meinung gehen. Dies wird ihm erschwert durch das Entstehen einer neuen Bewegung, die den Liberalismus bedroht. An die Argumente des alten feudalistischen Konservativismus anknüpfend, wird die Einschränkung wirtschaftlicher Freiheit plötzlich auch zum Slogan aller 'Progressiven'. Der neue Gegner heißt: *Sozialismus*. Er wird von Intellektuellen wie *Charles Fourier* und *Saint-Simon* mit einer Vehemenz verfochten, die dazu führt, daß der Liberalismus als die bisher geistig führende politische Strömung in die Defensive gerät. Bastiat bekämpft den Sozialismus mit dem gleichen Eifer wie vorher den Protektionismus. Er tut gut daran. Denn in der Nationalversammlung herrscht schnell ein Konsens aller Parteien, mit „Geschenken" aus Steuergeldern sich die nötige demokratische Unterstützung zu kaufen. Die Industriellen können „wirtschaftsfördernde" Zölle und und Subventionen durchsetzen. Die Sozialisten lassen – angeführt von *Louis Blanc*, Bastiats ideologischem Hauptgegner in der Versammlung – *Nationale Werkstätten* errichten, die angeblich das abstruse (und von Bastiat bekämpfte) *Recht auf staatlich ge-*

sicherte Arbeitsplätze für jeden durchsetzen sollen. In Wirklichkeit dienen sie nur der Schaffung einer Klientel, die von der Straße her mit Gewaltandrohung die Ziele der Sozialisten durchsetzen helfen sollen. Es erfordert manchmal hohen persönlichen Mut, wenn Bastiat seine liberale Position öffentlich verteidigt.

Inmitten dieses so angerichteten Chaos, das Bastiat zur Verzweiflung treibt, tritt *Louis Napoleon* (der Neffe des *großen Napoleon*, daher oft spöttisch der *kleine Napoleon* genannt) als vermeintlicher Erlöser für die Wahl zum Präsidentenamt an. Bastiat ahnt, daß damit noch mehr Unheil droht. Er unterstützt in seinem Wahlkreis nach Kräften den Gegenkandidaten *General Cavaignac*. Doch *Louis Napoleon* gewinnt die Wahl haushoch mit einer ³/₄ Mehrheit. Obwohl er dessen Staatsstreich von 1851, der der *2. Republik* endgültig das Lebenslicht ausbläst, nicht mehr erlebt, weiß Bastiat, daß das von ihm ersehnte Projekt einer liberalen Republik mit zurückgedrängtem Staatseinfluß zunächst restlos gescheitert ist.

Sein schriftstellerischer Eifer wird durch die Misere eher noch angestachelt. Einige seiner besten Schriften – unter anderem die *Harmonies Économiques* – entstehen in dieser Zeit. Überhaupt: Bastiat scheint beim Schreiben von einer ungeheueren Energie besessen zu sein. Sieht man sich das Gesamtvolumen seiner Werke (aus sieben Bänden besteht die Ausgabe der *Oeuvres Complètes!*), so kann man nur beeindruckt sein, wenn man sich vor Augen führt, daß dies alles in der nur 6jährigen kurzen Zeit entsteht, in der er schriftstellerisch tätig ist. Aber seine Gesundheit erlaubt 1850 kein weiteres Schaffen. Eine schwere Tuberkulose macht alle Pläne zunichte. Zur Genesung fährt er in das klimatisch für seine Gesundheit günstigere Italien. Doch die Chancen, dem Tode zu entkommen, sind gering. Keiner seiner Freunde hat noch Hoffnung, wobei manche zu früh trauern. Auf der Reise durch Italien liest Bastiat in einer Zeitung sogar die Meldung seines eigenen Todes. Er versucht noch mit aller Kraft, die letzte verbliebene Zeit zu nutzen, um ununterbrochen an der Vollendung seiner *Harmonies Économiques* zu arbeiten. Vergebens – in Rom stirbt er am Heiligabend des Jahres 1850.

4. VORGESCHICHTE: LIBERALISMUS UND ÖKONOMIE IN FRANKREICH

Bastiats Wirken als Publizist und Ökonom ist natürlich nicht voraussetzungslos. Dabei ist es wahr, daß er in seinen Schriften vor allem von England inspiriert wird. Doch es ist auch unverkennbar, daß sein Denken stark auf spezifisch französischen Denktraditionen aufbaut. Die meisten modernen Ideenhistoriker des Liberalismus – man nehme *Friedrich August von Hayek* als Beispiel[16] – stimmen darüber ein, daß Frankreichs Beitrag zum Liberalismus sich im Vergleich zu dem Englands eher gering ausnimmt. Die großen Gegenbeispiele – etwa *Benjamin Constant* oder *Alexis de Tocqueville* – bestätigten nur die Regel. Obendrein hafte dem französischen Liberalismus ein gewisser doktrinärer Rationalismus an, der „eine bewußte Konstruktion der gesamten Gesellschaft auf Grundlage der Vernunft fordert."[17] Dem stünde der englische Evolutionismus als das bessere Liberalismusverständnis entgegen.

Die Tatsache, daß insbesondere *Hayek* den französischen Rationalismus recht pauschal als geistige Vorstufe menschlichen Planbarkeitswahns darstellt, hat sich auf die Bewertung Bastiats (der bei ihm kurzerhand zum Liberalen englischen Typs erklärt wird) eher in irreführender Weise ausgewirkt. Selbst eine so ausgezeichnete Biographie wie die von *George C. Roche* ignoriert fast vollständig die französischen Quellen für Bastiats Denken, während englische Quellen – etwa *Burke* und *Coleridge*[18] – kraß überbetont werden. Seine Betonung eines rein deduktiven Theorieansatzes in der Ökonomie stellt Bastiat eindeutig in die rationalistische Tradition der französischen Aufklärung.

Aber vor allem wird man damit auch dem französischen Liberalismus nicht immer ganz gerecht. Gerade auf dem Gebiet der Ökonomie hat der französische Liberalismus durchaus Pionierleistungen erbracht – wie sich noch zeigen wird. Und der Vorwurf des konstruktivistischen Rationalismus muß auch differenziert betrachtet werden. Es ist natürlich richtig, daß alleine der Wunsch nach vollständiger rationalistischer Neukonstruktion einer Gesellschaft nicht nur eine enorme Wissensanmaßung darstellt, sondern auch mit dem Wunsch nach absoluter Macht einhergeht. Die englischen Liberalen, etwa *Edmund Burke* in seinen *Reflections on the Revolution in France* (1790),[19] haben zurecht früh auf die totalitären Potentiale einer solchen Einstellung hingewiesen – und in der Praxis mehr als genügend Bestätigung hierzu gefunden! Und was die praktischen Erfolge angeht, so ist das englische „evolutionäre" Vorgehen sicherlich besser als Vorbild geeignet als das französische. Es ist auch dieser praktische Erfolg, der später Bastiat so sehr inspirieren wird.

Aber reiner Evolutionismus kann natürlich auch seine Schattenseiten haben, wenn gute Prinzipien auf dem Altar des Pragmatismus geopfert werden. *Adam Smith*, der große Apostel von Marktwirtschaft und Freihandel, liefert selbst gute Beispiele hierfür, wenn er etwa die Subventionierung der Heringsfischerei aus verteidigungspolitischen (!) Gründen bejaht[20] oder alkoholische Getränke aus moralischen Erwägungen heraus überproportional besteuern will.[21] Die Stimme der reinen Theorie muß bisweilen auch zum Zuge kommen, will man nicht der natürlichen Expansionskraft systemwidriger Fremdkörper in der marktwirtschaftlichen Ordnung Vorschub leisten.

Die großen Begründer des marktliberalen Gedankens im Frankreich des 18. Jahrhunderts, die *Physiokraten*, haben sich bisweilen noch im Netz der Widersprüche des konstruktivistischen Rationalismus verfangen. Einerseits verdanken wir ihnen sehr klare Formulierungen des Ideals einer freien Wirtschaft. Darüber täuscht auch nicht der Umstand hinweg, daß die Grundannahme der *Physiokraten*, nämlich daß nur die Landwirtschaft produktiv wirke, während die Industrie *steril* sei, sich dank *Adam Smiths* überlegener Beweisführung schnell als unhaltbar erweist. Das wichtigste Werk der Schule, *Francois Quesnays* berühmter *Tableau Economique* (1757), treibt den Rationalismus so sehr auf die Spitze, daß der größte Teil der Argumentation durch arithmetische Tabellen in mathematischer Weise erfolgt – was beim Leser schnell Ermüdungserscheinungen erzeugt. Aber einen Mangel an Gradlinigkeit wird man dabei nicht feststellen. Der Schlachtruf der *Physiokraten* in bezug auf die Freiheit des Wirtschaftslebens wird heute noch geradezu als Synonym für konsequenten Marktliberalismus gesehen: *laissez-faire, laissez passer!*[22]

Andererseits bringt der konsequente rationalistische Ansatz die *Physiokraten* in einen Gegensatz zu jedweder Machtkontrolle durch Gewaltenteilung. Nur bei *Anne-Robert Jacques Turgot* finden sich in seinen frühen Schriften (etwa die geschichtsphilosophischen Vorlesungen an der Sorbonne von 1750) anfänglich Zweifel, die er aber bald ablegt.[23] Von da an ist der Kurs klar: Um die ihrem konstruktivistischem Denken gemäße absolute Kohärenz ihres Programms gewährleistet zu sehen, wirken die *Physiokraten* auf eine Stärkung des absolutistischen Königtums hin, das sie dann für ihre Zwecke verwenden wollen. *Turgot, Necker, Calonne*: ein physiokratischer Ökonom nach dem anderen versucht sein Glück als Hauptberater des *Ludwigs XVI.* Das Scheitern ist vorprogrammiert. Die von den *Physiokraten* gewollte Liberalisierung wird durch die von ihnen ebenfalls gewollte Zentralisierung letztlich verhindert. *Tocqueville* schildert die *Physiokraten* und ihre Ideen 1856 denn auch zurecht so: „Sie sind allerdings dem Freihandel, dem Laissez-faire und Laissez-passer im Handel und Gewerbe sehr günstig; an die eigentlichen politischen Freiheiten aber denken sie gar nicht."[24]

Es scheint, daß Bastiat, der die Schriften *Quesnays* und der *Physiokraten* kennt und schätzt, aus der Geschichte gelernt hat. Während sein Denkansatz dem aufklärerischen Rationalismus des 18. Jahrhunderts folgt und sogar wesentliche Elemente der deistischen Naturreligions- und -rechtsvorstellungen der *Physiokraten* übernimmt, sieht Bastiat im Streben nach absoluter Macht keinen Sinn. Dazu mißtraut er dem Staat zu sehr. Als Propagandist des Freihandels will er den Wandel „von unten" – durch Überzeugung breiter Bevölkerungsschichten. Eine wesentliche Rolle spielt dabei der Umstand, daß in Frankreich das einsetzt, was in England schon von vornherein entwickelt war, nämlich ein politischer Liberalismus, der mit dem wirtschaftlichen eine Einheit bildet. Der Mangel eines solchen geschlossenen Konzepts ist es, was die Physiokraten noch von den echten klassischen Liberalen trennt. Spätestens in der Restaurationszeit nach 1815 setzt sich aber immer mehr ein solcher genuiner Liberalismus durch. Das fünfbändige Buch *Elements d'Ideologie* von *Antoine Louis Claude Destutt de Tracy* von 1817 versucht z. B. eine Symbiose von Moralphilosophie, politischem Denken und Ökonomie (der die beiden letzten Bände gewidmet sind) zu erreichen. Die ist nur eines von vielen Beispielen.[25] *Destutt de Tracy* ist übrigens der von *Thomas Jefferson* am meisten geschätzte Ökonom der Zeit.[26] Es spricht durchaus für die französischen Schule, daß sie in der *Neuen Welt* zeitweise in der wirtschaftswissenschaftlichen Diskussion einen der englischen Schule gleichrangigen Platz einnimmt.

Einen wichtigeren Einfluß als die *Physiokraten* oder *Destutt de Tracy* übt allerdings ein späterer Ökonom Frankreichs auf Bastiat aus. Es ist *Jean-Baptiste Say.* Er ist der erste Ökonom des Landes, der sich von der *Physiokratie* (vor allem ihrer Idee, daß nur Landwirtschaft produktiv sei) löst, um sich die Theorien *Adam Smiths* anzueignen. Während Smith aber häufig sehr empirisch vorgeht, versucht Say – ganz französischer Rationalist – aus Smiths Werk eine systematische Theorie zu formulieren. *Othmar Spann*, einer jener vielen deutschen Ökonomen, die zu Beginn dieses Jahrhunderts dem

19

Liberalismus und seinen Vertretern in der Ökonomie prinzipiell nichts abgewinnen konnte, meint 1910 darüber etwas hochnäsig: „Der wissenschaftliche Wert dieses Unternehmens kann ... im allgemeinen nicht sehr hoch angeschlagen werden."[27] Das ist natürlich eine unfaire Behauptung. Immerhin verdankt die Ökonomie Say ein Gesetz, das sogar seinen Namen trägt. Das *Saysche Gesetz* besagt, daß Angebot immer auch Bedarf schaffe. In einer Volkswirtschaft müsse „das Gesamtangebot und die Gesamtnachfrage danach notwendig gleich sein",[28] so formuliert es Say erstmals 1803 in seiner *Traité d'économie politique*, wenngleich auch noch so wenig ausführlich, daß später *James Mill*, der es in seinem Buch *Commerce Defended* (1808) und zahlreichen späteren Abhandlungen[29] ausführlicher darlegt, für sich die Entdeckung beansprucht. In späteren Auflagen seiner *Traité* präzisiert Say seine Aussagen allerdings, so daß er auch weiterhin zurecht als der eigentliche Urheber gelten muß.

Says Gesetz bleibt nicht unumstritten. Unter den Zeitgenossen ist es vor allem *Thomas Malthus*, der mit Say eine heftige Auseinandersetzung darüber führt.[30] Noch viel später fühlen sich bedeutende Ökonomen wie *Marx* und – noch in diesem Jahrhundert – *Keynes* bemüßigt, wichtige Argumente dagegen anzuführen. Der Amerikaner *Thomas Sowell* beschreibt in seinem 1972 erschienenen Buch *Say's Law* diese interessanten Kontroversen in lebendiger Weise.[31] Und viele der Attacken treffen ihr Ziel. Zu Zeiten Says gibt es keine Konjunkturtheorie, die die verschiedenen Krisenphänomene, die von den frühen ökonomischen Klassikern, vor allem *Malthus*,[32] als Überangebotskrise beschrieben werden, erklären können.[33] Wie dem auch sei: Mit Say beginnt in vollem Maße, was sich bei Smith erst in Ansätzen findet: der *ökonomische Optimismus*. Mit Bastiat wird er seinen Höhepunkt und seine Vollendung finden. Zumindest langfristig könne es, so Say seinem *Gesetz* folgend, keine generellen Überangebotskrisen geben, die dann Arbeitslosigkeit oder andere Miseren für die lohnabhängigen Arbeiter hervorrufen – jedenfalls solange die Politik nicht schädigend in die Wirtschaft eingreift. In der Tat hat Say mit seiner Kritik des naiven Glaubens an solche Überangebotskrisen die Ökonomie von einigem außerordentlich schwerem Ballast befreit.[34] Denn dieser Glaube hat bisweilen merkwürdige und aus liberaler Sicht geradezu konservative Auffassungen produziert. So meint zum Beispiel *Malthus*, daß ein unproduktiver und privilegierter Geburtsadel schon deshalb notwendig sei, weil er alleine den Konsum sichern könne, um die Arbeiter zu ernähren.[35] Mit der Feststellung, daß mit der Produktion nun auch die Produzierenden mehr konsumieren, hat Say derartige Ideen in das Reich des Skurrilen verbannt – auch wenn seine Theorie gegenüber der komplexen ökonomischen Realität in einigen Punkten zu kurz greift. Auch die englischen Ökonomen sind bald davon überzeugt. *Nassau W. Senior*, der wohl typischste unter den Ökonomen, die später den *Manchester-Liberalismus* schriftstellerisch begleiten, kann in seinen *Three Lectures on the Rate of Wages* 1830 mit Hohn vermerken: „Sollten die höheren Stände auf die vor hundert Jahren herrschende Sitte zurückkommen und ihre Röcke mit Goldspitzen ausschmücken, so hätten sie wohl selbst Freude an ihrem Putz, inwiefern aber wäre den niedrigen Ständen damit geholfen?"[36]

Bastiat, der Say für denjenigen Autoren hält, der überhaupt Wissenschaftlichkeit in die Ökonomie hereingetragen hat, wird dessen begonnenes Werk der Verkündung des *ökonomischen Optimismus* auf anderen Themenfeldern fortführen.[37] Gegenüber Say hat er dabei den Vorteil, daß zu der Zeit seines schriftstellerischen Wirkens bereits die segensreichen Wirkungen des Liberalismus in der Wirtschaftspolitik sichtbar werden.

5. DER KÜNDER DES MANCHESTER-LIBERALISMUS

Selbst diejenigen, die zurecht seine Leistungen als Ökonom in einem positiven Licht betrachten, sehen Bastiats wesentlichere Bedeutung sicherlich in seinen Leistungen als Propagandist, Polemiker oder Publizist. Dies darf in keiner Weise als negativ ausgelegt werden. Bastiat hat es bei der Verfolgung dieses Anliegens zu einer solchen Meisterschaft gebracht, die ihm für sich genommen einen Platz im Ruhmestempel der ökonomischen Literatur gesichert hätte.

Alleine seine Tätigkeit als Chronist der englischen *Anti-Corn Law League* wäre dabei schon bedeutsam. Er repräsentiert sie mehr als jeder der englischen Ökonomen im Umfeld der Bewegung – etwa der heute fast vergessene *Nassau W. Senior* oder die populäre Schriftstellerin *Harriet Martineau*, die zu den konsequentesten Verfechterinnen des ökonomischen *Laissez-Faire* in England gehört.[38] In seinem Buch *Cobden et la Ligue*[39] (Cobden und die Liga) von 1845 hat Bastiat den Verlauf der Kampagne gegen die Getreidezölle in Großbritannien minutiös aufgezeichnet und alle wichtigen Reden Cobdens und seiner Mitstreiter ins Französische übersetzt. Das Buch ist ein Denkmal des *Manchester-Liberalismus*.

Bekannter und für den heutigen Leser vielleicht interessanter sind seine kleineren Polemiken. In Bastiats Werken finden wir eine Fülle von kurzen Essays, in denen er die Absurditäten des Protektionismus geistreich bloßlegt. Einige davon hat er noch selbst in gesammelter Form herausgegeben, so z. B. in dem Buch *Sophismes Économiques* (Ökonomische Sophismen) von 1846. Andere (insbesondere viele seiner Beiträge für *Le Librè-Échange*[40]) wurden erst postum in den *Oeuvres complètes* vollständig zugänglich gemacht.

Manche seiner Essays sind alleine aufgrund ihrer satirischen und polemischen Qualität zu zeitlosen Klassikern geworden. Am berühmtesten wird dabei ein Pamphlet unter dem Titel *Pétition des marchands de chandelles* (Petition der Kerzenhändler) von 1845. In der Petition beschwert sich eine fiktive Gruppe von Kerzenhändlern, daß sie von der Natur in ihrer Wettbewerbskraft beeinträchtigt werde, da die Sonne am Tage den Verbrauch an Kerzen verhindere. Würde der Gesetzgeber tagsüber eine allgemeine Verdunklung durch Vorhänge erzwingen, würden nicht nur die Kerzenhändler davon profitieren, sondern das ganze Land. So würde zum Beispiel mehr und billigeres Fleisch produziert, da wegen des Talges mehr Vieh geschlachtet werden müßte.

Das auf den ersten Blick abstruse Beispiel, das Bastiat hier schildert, soll dabei einen fehlerhaften Gedankengang aufzeigen, der bei realistischeren Beispielen zwar nicht minder abstrus ist, aber selten nur so empfunden wird. Wieder einmal ist es die didaktische Brillanz, die besticht. Nicht umsonst stellt das wohl zur Zeit bekannteste Lehrbuch über Ökonomie, das von dem amerikanischen Nobelpreisträger *Paul A. Samuelson* verfaßte Werk *Economics*, in seinem Kapitel über *Schutzzölle, Importkontingente und Freihandel* einen längeren Textauszug aus der Petition voran.[41]

Jeder, der die Frage des Freihandels einmal diskutiert hat, wird früher oder später mit dem Argument konfrontiert, daß eine aktive staatliche Förderung bestimmter Wirtschaftszweige dem Gesamtwohl zugute käme. Bastiat nimmt bei seiner Entgegnung der fiktiven Petition konsequent die Position des Konsumenten ein, der – würde der Petition stattgegeben – nun das Geld tatsächlich für mehr Kerzen ausgeben würde. Aber durch den – objektiv unverdienten – Vorteil des natürlichen Sonnenlichts hat er Geld gespart, das zwar jetzt nicht mehr den Kerzenhändlern, aber doch anderen Wirtschaftszweigen zugute kommen kann. Parallelen zu dem heute in den meisten Industriestaaten grassierenden Agrarprotektionismus gegenüber Ländern in der Dritten Welt, die in der Landwirtschaft tatsächlich durch Natur- und Klimavorteile (die natürlich auch kein eigenes Verdienst sind) für den Konsumenten günstig produzieren könnten, sind kaum zu übersehen. Bastiat hat in wenigen Worten einen weitverbreiteten Trugschluß über ökonomische Zusammenhänge zerstört.

Die in der *Petition des marchands de chandelles* bereits sichtbare Vorliebe für überspitzte und daher anschauliche Beispiele wird von Bastiat schließlich 1850 in seinem langen Essay *Ce qu'on voit et ce qu'on ne voit pas* (Was man sieht und was man nicht sieht) so gründlich systematisiert, daß daraus das wahrscheinlich einprägsamste kleine Lehrbuch für ökonomische Laien in der gesamten wirtschaftspolitischen Literatur entsteht. Als der amerikanische Ökonom *Henry Hazlitt* 1946 in seinem Buch *Economics in One Lesson* einem breiten Publikum liberale Grundsätze beibringen möchte, folgt auch er noch fast genau den Gedankengängen aus der Schrift Bastiats, um populäre Vorurteile gegenüber Marktwirtschaft und Freihandel zu zerstreuen. Bastiat beginnt den Essay mit einer fiktiven Situation. Ein Schaufenster wurde von einem Unbekannten eingeworfen. Die Schaulustigen beginnen über den ökonomischen Aspekt der Angelegenheit nachzudenken. Sie kommen zu dem Schluß, daß das, was zuerst wie ein schädlicher Zerstörungsakt aussieht, wirtschaftlich dadurch sich zum Positiven wendet, daß einer Glaserei eine zusätzliche Einnahme gesichert wird. Die Zerstörung gebiert Wirtschaftswachstum. Bastiat entgegnet diesem Argument, daß der positive Effekt des Ganzen für den Glaser gesehen werden könne. Hingegen sähe man nicht, daß der Besitzer des zerstörten Fensters nun das für die Reparatur gezahlte Geld nicht mehr für andere – ökonomisch sinnvollere – Zwecke ausgeben kann. Er kauft sich vielleicht kein neues Buch oder kein neues Paar Schuhe. Doch der so geschädigte Buchhändler oder Schuhverkäufer wird aber als Opfer nie sichtbar. Besser wurden die unsichtbaren *Nebeneffekte* von gutgemeinten Interventionen in den Wirtschaftsprozeß nie beschrieben.

Die Lehre aus diesem simplen Beispiel wird nun von Bastiat auf andere Fälle angewandt. Protektionismus fördert Industrien, die man sieht. Er schädigt aber viele andere mehr, die man nicht sieht. Die staatliche Förderung der Künste, hohe Steuern, der subventionierte technische Fortschritt, die Rüstung – alles wird überprüft nach der Formel: *Was man sieht und was man nicht sieht.* Am Ende sind fast alle denkbaren ökonomischen Fehlschlüsse förmlich dahingemetzelt. Ein guter Ökonom, so Bastiat, sei nur derjenige, der nicht nur die unmittelbaren Folgen, sondern die weiteren Konsequenzen wirtschaftspolitischen Handelns betrachtet. Der große liberale Wirtschaftsnobelpreisträger *Friedrich August von Hayek* meinte einmal, daß in diesem Essay das „entscheidende Argument für wirtschaftliche Freiheit" stecke und daß man Bastiat alleine deswegen ein „Genie"[42] nennen könne.

Wohin die so entlarvten ökonomischen Trugschlüsse führen, zeigt Bastiat in seiner 1849 erschienenen Schrift *L'état* (Der Staat), nämlich, daß der Staat dadurch seine einzig legitime Funktion als liberaler Garant des Rechtes zum Schutze von Person, Freiheit und Eigentum verliere. Im Gegenteil: Er wird vielmehr zu einem Instrument von Gruppeninteressen, die ständig staatliche Macht dazu mißbrauchen, ihren Vorteil zu Lasten anderer durchzusetzen. Der Schrift entstammt das wahrscheinlich bekannteste Zitat Bastiats: „Der Staat ist eine große Fiktion, in der jedermann auf Kosten von jedermann zu leben versucht."[43] In einem Satz ist hier die gesamte Kritik der heutigen *Neuen Politischen Ökonomie*, etwa der *Public Choice*-Schule um den amerikanischen Nobelpreisträger *James Buchanan*, am modernen Umverteilungs- und Wohlfahrtsstaat zusammengefaßt – ohne daß seitdem je substantiell Neues hinzugefügt worden wäre.

In der Tat ist der Nutzen, den man heute noch aus Bastiats kleinen (aber effektiven) Widerlegungen einfacher ökonomischer Trugschlüsse ziehen kann, enorm. Gerade in ihrer simplen Form dargestellt, enthüllen sie, was manchmal in komplexen Beweisführungen an Irrtümern gut verdeckt wird. Selbst die abstrusesten Fehler, die längst widerlegt schienen, tauchen oft im neuen Gewande auf. Keynes' berühmte Theorie, daß man Überangebotskrisen (und der damit verbundenen Arbeitslosigkeit) mit unproduktiver Konsumsteigerung durch Staatsausgaben und -verschuldung beikommen müsse, ist kaum etwas anderes als ein Aufguß der Malthus'schen Idee der Notwendigkeit einer unproduktiven Aristokratenschicht zur Sicherung von Beschäftigung.[44] Die Art, in der Bastiat die Gefahren solcher Ideen beschreibt, hilft, derartiges schnell herauszufinden.

Bastiats kleinere Essays und Artikel werden aufgrund ihrer stilistischen Qualitäten und der Fähigkeit, komplexe ökonomische Probleme verständlich darzustellen, ihren Platz als Meisterwerke der Wirtschaftspublizistik beibehalten. Aber Bastiat beansprucht mehr, als nur eine prägnante Darstellung gesicherter ökonomischer Kenntnisse zu liefern. Um seinem Ziel – die literarische Rechtfertigung der Freihandelsbewegung – näher zu kommen, hat Bastiat zumindest ein wirtschaftstheoretisches Problem zu lösen. Ein Blick auf England und den Triumph von Cobdens und Brights Freihandelsbewegung schärft den Blick für dieses Problem.

6. ÖKONOMISCHER OPTIMISMUS

Eine Arbeiterversammlung im englischen *Rochdale*. Der Sprecher resümiert über eine geradezu sensationelle Erfolgsbilanz: „Blicken wir zurück in eine Zeit, an die ich mich noch gut erinnere und an die sich sicher viele in dieser Versammlung erinnern werden. Blicken wir zurück in das Jahr 1840. In dieser Zeit herrschte große Not im Lande. Die Zölle auf Waren, die in dieses Land kamen, waren unzählig. Ich glaube, es waren mindestens 1200 Artikel, die durch das Gesetz Englands mit Steuern belegt wurden, wenn Waren in Liverpool, London, Hull, Glasgow oder jedem anderen Hafen des Königreiches einliefen. Alles wurde besteuert und alles war begrenzt und beschränkt. Selbst das Brot, das Essen der einfachen Menschen, wurde besteuert – und zwar mehr als alles andere. Nun, sie können sich vorstellen – nein, sie können es sich vielleicht nicht mehr vorstellen – aber sie können versuchen, es sich vorzustellen, in welchen Fesseln all unser Arbeitsfleiß zu dieser Zeit gekettet lag. Sie können versuchen, sich vorzustellen, aber in diesen Tagen können sie es sich nicht mehr vorstellen, welch ein Ausmaß an Armut, Leid und tiefem Elend in der großen Masse der arbeitenden Klassen im Vereinigten Königreiche herrschte." Und auf die gegenwärtige Situation bezogen, meint er: „Der Arbeiter Englands ist nicht mehr eine bloße Maschine, der auf eine Spindel oder einen Webstuhl aufpaßt, oder der an der Werkbank, der am Hochofen oder im Bergwerk arbeitet. Er ist nicht mehr nur ein Mensch, der Waren für den Export herstellt, sondern er ist ein Mensch, dem – durch alle diese Veränderungen – neues Leben eingeflößt und eine neue und förderliche Verantwortung gegeben wurde."[45]

Der Sprecher ist *John Bright*. Es ist das Jahr 1877. Der lokale *Rochdale Working Men's Club* – ein Arbeiterverein, der stolz darauf ist, ohne finanzielle Unterstützung durch Staat oder reiche Patrone zu existieren – hatte ihn eingeladen, um ihn als Ehrengast zum Gründungsjubiläum des Klubs hören zu können. Die Tatsache, daß die Erfolge Brights und der *Manchester-Liberalen* gerade von der Arbeiterklasse noch nach Jahrzehnten stürmisch gefeiert werden (ein Umstand, der heute fast in Vergessenheit geraten ist) straft alle jenen pessimistischen Wirtschaftstheoretiker vom Schlage eines Malthus oder Ricardo Lügen, die derartige Erfolge per se für ausgeschlossen hielten. Trotz eines rapiden Anwachsen der Bevölkerung, sind die Jahrzehnte nach dem Fall der *Corn Laws* in England und des Beginns der Freihandels-Ära in fast ganz Europa eine Zeit unvorstellbar zunehmenden Wohlstands für alle Bevölkerungsschichten.

Mit der Erklärung dieses Phänomens rückt – nachdem er als glänzender Publizist ausreichend gewürdigt wurde – Bastiats Verdienst als Ökonom in den Vordergrund. Es ist vor allem den beiden französischen Ökonomen und Ideenhistorikern *Charles Gide* und *Charles Rist* zu verdanken, daß dieses Verdienst überhaupt zur Anerkennung kam. Es macht Bastiat zwar nicht zu einem Giganten der wirtschaftswissenschaftlichen Literatur von der Statur eines Adam Smith, es verdeutlicht aber eine intellektuelle Redlichkeit, der es tatsächlich um eine wissenschaftlich haltbare und seriöse Begründung von Ideen geht.

Die neue wirtschaftswissenschaftliche Erkenntnis, die Bastiat der Welt präsentiert, hat seltsamerweise weniger mit seinem eigentlichen Herzensanliegen – der Freihandelsfrage – zu tun, sondern mit dem von Ricardo aufgeworfenen Verteilungsproblem.

In ihrem 1909 erstmals erschienen Werk *Histoire des doctrines économiques* (Geschichte der volkswirtschaftlichen Lehrmeinungen) machen Gide und Rist Bastiat zum Oberhaupt der *Optimistischen Schule* der politischen Ökonomie des 19. Jahrhunderts im Gefolge Says. *David Ricardo*, der Hauptvertreter der bisher dominierenden *pessimistischen* Orthodoxie, hatte in seinem Hauptwerk *The Principles of Political Economy and Taxation* (Die Prinzipien der Politischen Ökonomie und der Besteuerung) im Jahre 1817 behauptet, daß jede Steigerung des Lohnes bei der arbeitenden Bevölkerung automatisch Anreize zur Vermehrung setze. Die Vermehrung führe wiederum dazu, daß mit der Steigerung des nominalen Arbeitslohnes keine Verbesserung der Lebensumstände der Arbeiter erreicht würde. Der natürliche Preis der Arbeit würde daher immer nur gerade ausreichen, um den Arbeiter am Leben zu erhalten.[46]

Es ist dieses *eherne Gesetz* über den Arbeitslohn, das Bastiat radikal in Frage stellt. Es sei hier der Fairneß wegen erwähnt, daß seine Gegenthese zu Ricardo sich ebenfalls in den Werken des zeitgenössischen amerikanischen Ökonomen *Henry Charles Carey* findet, der deswegen auch 1850 einen offenen Brief im *Journal des Économistes* veröffentlicht, in dem er Bastiat des Plagiarismus beschuldigt. Dafür gibt es aber keinerlei Anhaltspunkt. Es dürfte sich um das zufällige Zusammenfallen einer Entdeckung handeln, die bereits 'in der Luft lag'.[47] Wie Bastiat geht auch Carey in seinem 1850 erschienen Werk *Harmony of Interests, Agricultural, Manufacturing, and Commercial* (ein Titel, der auch die Intention von Bastiats *Har-*

monies Économiques sehr gut beschreibt!) von einem allgemeinen harmonischen Gleichgewicht in der Volkswirtschaft aus. Carey, der in der Geschichte amerikanischen ökonomischen Denkens etwa den Platz einnimmt, den in Deutschland *Friedrich List* innehat, ist aber trotzdem einer der großen Fürsprecher des Protektionismus – etwas, das schlecht mit dem Glauben an wirtschaftliche Harmonie harmoniert. Obwohl als akademischer Ökonom sicher höher einzuschätzen als Bastiat, wird dadurch sein theoretisches Gesamtgebäude wesentlich uneinheitlicher und widersprüchlicher als das des Franzosen. Immerhin: Es sei trotzdem vermerkt, daß Careys Ausarbeitung der gegen Ricardos Pessimismus in der Lohnfrage gerichteten Theorie wesentlich gründlicher und wissenschaftlicher erfolgt als dies bei Bastiat der Fall ist. Selbst Gide und Rist – sonst stets patriotisch geneigt, französischen Autoren den Vorzug zu geben – geben dies unumwunden zu.

Im Mittelpunkt von Bastiats 'Gesetz' steht das relative Verhältnis des Anteils von Arbeit zum Anteil des Kapitals an der Gesamtproduktion. Bastiat geht von dem einfachen Marktphänomen aus, daß Zinsen dann sinken, wenn sich Kapital vermehrt – so wie bei allen anderen Gütern auf dem Markt der Preis bei erhöhtem Angebot sinkt. Dies bedarf keines empirischen Beweises, sondern ist theoretisch evident. Wachse die Gesamtproduktion, so steige der Anteil des Kapitals zwar absolut, nicht aber relativ. Der Anteil der Arbeit steige damit relativ stärker. Gleichzeitig wächst eben auch die Produktion, was wiederum Preissenkungen zur Folge hat, die ebenso das Realeinkommen der Arbeiter steigern. Bastiat veranschaulicht diese Theorie

	Gesamtproduktion	Anteil des Kapitals	Anteil der Arbeit
1. Zeitabschnitt	1.000	500	500
2. Zeitabschnitt	2.000	800	1.200
3. Zeitabschnitt	3.000	1.050	1.950
4. Zeitabschnitt	4.000	1.200	2.800

an einem tabellarischen Schaubild mit einem fiktiven Zahlenbeispiel. Es findet sich im 7. Abschnitt der *Harmonies Économiques* über *Kapital*.

Bastiat arbeitet diese Idee so aus, daß sie ebenfalls als ein *unumstößliches Gesetz* erscheint, so als ob das Wachstum der Aufwendungen des Unternehmers für die Arbeit an der Gesamtproduktion proportional in einer mathematisch berechenbaren Weise anstiege. Dafür gibt es natürlich keinen empirischen Beweis. Die Empirie zeigt sogar, daß das Los der Arbeiter selbst dann verbessert werden kann, wenn der Anteil für die Arbeit sinkt, nämlich dann, wenn hohes Wirtschaftswachstum herrscht. Wie Say unterschätzt Bastiat bisweilen die Komplexität der ökomischen Realität. Es handelt sich bei seinem 'Gesetz', wie auch Gide und Rist betonen, eher um eine generelle Tendenz, von der selbst ohne Staatseingriff durch Marktphänomene schnell gravierende Abweichungen entstehen können, die Bastiat schlichtweg ignoriert.[49] Entscheidend ist aber die Tatsache, daß damit Ricardos *ehernes Lohngesetz* unwiederbringlich widerlegt ist. Zumindest die Möglichkeit (besser: hohe Wahrscheinlichkeit), daß der Lebensstandard der arbeitenden Bevölkerung über das von Ricardo angenommene Maß steigen kann, ist mit Bastiat ein für allemal auch wissenschaftlich etabliert.

7. DAS HAUPTWERK: LES HARMONIES ÉCONOMIQUES

Wenn man von der wissenschaftlichen Leistung Bastiats spricht, kann man es sich wohl kaum erlauben, die *Harmonies Économiques* unerwähnt zu lassen. Sie erscheinen nur wenige Monate vor Bastiats Tod und zwar in unvollständiger Form. Nur die ersten 10 Kapitel werden zu seinen Lebzeiten veröffentlicht. Die darauf folgenden Kapitel werden (mit der von Bastiat noch gegebenen Genehmigung) von der *Societé des Amis de Bastiat* (Vereinigung der Freunde Bastiats) nach den bereits vorliegenden Manuskripten, an denen Bastiat noch bis zu seinen letzten Lebensstunden eifrig schreibt, 1851 in einer Gesamtausgabe herausgegeben. Insgesamt hätte das Werk einen noch größeren Umfang gehabt, aber von einigen Kapiteln kann Bastiat nicht einmal mehr das handschriftliche Manuskript fertigstellen. Trotzdem ist das Buch unbestreitbar das Hauptwerk Bastiats; zugleich stellt es aber auch eine Ausnahme im Gesamtwerk dar. Allein der Umfang dieses unvollendet gebliebenen Werkes hebt es von allen anderen Schriften Bastiats deutlich ab, obwohl es deren literarische Qualitäten beibehält. Versucht Bastiat in seinen kleineren Essays meist, sich jeweils einem Einzelaspekt kritisch zu widmen, so steht in den *Harmonies Économiques* der große Systementwurf im Mittelpunkt. Gide und Rist meinen sogar, daß sie vielleicht das beste umfassende Lehrbuch für junge Studenten der Ökonomie darstellten, das je erschien.[50] Natürlich hat Bastiat in einigen seiner kürzeren Schriften schon so etwas wie eine umfassende Fundierung seines Denkens versucht – es sei die bereits genannte Abhandlung *l'Etat* erwähnt oder auch das mitreißende Traktat *La Loi* (Das Gesetz) von 1850, in dem er die rechtsphilosophischen Grundlagen seiner ökonomischen Ansichten darlegt. Aber die *Harmonies Économiques* vereinen diese Grundlagen mit einer detailreichen Analyse aller wesentlichen Einzelaspekte zu einem Ganzen. Sie sind die Summe dessen, was Bastiat je über den Gegenstand der politischen Ökonomie gedacht hat.

Mit viel Spott ist von späteren Generationen jene Idee bedacht worden, die Bastiat als das Hauptthema des Werkes und seinen philosophischen Grundgedanken nennt: der Gedanke der Harmonie. Der Gedanke wird von ihm bisweilen mit einer religiösen Metaphorik verfochten, der an die (ebenfalls die Harmonie alles Natürlichen betonende) deistische Theologie des 18. Jahrhunderts erinnert. Der Einfluß der Physiokraten wird deutlich.

In seinem in überschwenglichem Vorwort *An die Jugend Frankreichs* ruft er aus „JE CROIS" (Ich glaube!)[51] und beeilt sich, die „lois providentielles" (Gesetze der Vorhersehung) anzupreisen, die – wenn die Freiheit des einzelnen ihnen gemäß garantiert ist – alle sozialen Probleme lösten. Es ist leicht, aus heutiger Sicht diesen Harmonieglauben als lächerlich zu brandmarken, wenn man sich nicht die Mühe macht tiefer in den Gegenstand einzudringen. Bastiat ist Katholik – ein tief gläubiger dazu – und dies merkt man seinen Schriften an. Aber selbst diese katholische Religiosität hat einen rationalen Kern, der an Modernität und Aktualität nichts eingebüßt hat. Gerade in neuerer Zeit ist das von der katholischen Scholastik des Mittelalters überlieferte aristotelische Menschenbild wieder von durchaus respektablen Ökonomen zur Verteidigung der Marktwirtschaft herangezogen worden. Die Zweckbestimmtheit menschlichen Handelns wird dabei – ganz im Sinne der teleologischen Metaphysik eines *Aristoteles* oder *Thomas von Aquin* – als Grundlage zum rationalen Verständnis von ökonomischen Prozessen vorausgesetzt.[52]

Aber auch ohne solchen Rückgriff auf die Ideengeschichte macht Bastiat klar, daß er seinen Glauben nicht mit „mysterieux domaine de la revelation" (Mysterien der Offenbarung) begründen will, sondern rational und wissenschaftlich zu fundieren gedenkt.

Eines seiner rationalen Argumente sei genannt, nicht nur weil es die Grundlagen seiner ökonomischen Auffassungen am besten illustriert, sondern weil es zeigt, daß Bastiat sein gesamtes Denken theoretisch – und nicht empirisch – begründet. Dieses Argument findet sich in seiner Theorie des Wertes. Wert, so sagt Bastiat in den *Harmonies Économiques*, sei das Verhältnis zweier ausgetauschter Leistungen. In einer freien Gesellschaft, in der der einzelne vor Zwangsgeschäften durch das Recht geschützt sei, ist der Satz immer logisch widerspruchslos gültig, daß die zwei ausgetauschten Leistungen gleich wert seien. Nur wenn beide Seiten gleichermaßen ihren Vorteil im Tausch sähen, käme dieser zustande. Obwohl der Satz kaum zu bestreiten und logisch schlüssig ist, kommen selbst wohlmeinende Kritiker zu dem Schluß, daß dies eine Tautologie sei, die wenig Aussagekraft habe. Vor allem wird er dann fragwürdig, wenn man ihn an Bastiats eigenen Thesen zur Grundrente mißt. Die Grundrente wurde zuvor häufig kritisiert, weil sie für den Besitzer Einkommen garantiere, ohne daß er irgendwelche Leistungen (außer dem glücklichen Umstand, zu Besitz gekommen zu sein...) erbringt. Noch Ende des 19. Jahrhunderts benutzt der amerikanische Ökonom *Henry George* in seinem einflußreichen Buch *Progress* and *Poverty* (1879) dies als Argument, daß Land nicht vererbbar sein dürfe, was letztlich auf Verstaatlichung hinausläuft. Bastiat argumentiert nun, daß die Rente doch durch Vorleistungen (Kultivierung, Trockenlegung, Bebauung, Schaffung von Wegen und Straßen etc.) gerechtfertigt sei.

Damit gibt er seiner Werttheorie, die zunächst auf der gleichen subjektiven Wertschätzung von ausgetauschten Gütern beruht, einen objektiven Anstrich. Die Idee eines im Gegenstand selbst enthaltenen 'wesensmäßigen' Wertes ist ein Relikt der aristotelischen Werttheorie, dem die ökonomische Wissenschaft noch lange verpflichtet blieb. Selbst bei *Adam Smith* finden sich – völlig systemwidrig – Elemente davon. Vor allem *Marx's* Theorie des *Arbeitswertes* – die zentrale Begründung für seine Behauptung von der Ausbeutung des Proletariats – basiert noch eindeutig auf dieser anachronistischen Auffassung.[53]

Aber Bastiats Werttheorie verliert spätestens dann an Gültigkeit, wenn Vorleistungen nicht nachweisbar sind – etwa beim Verkauf eines völlig zufällig gefundenen Diamanten.

Aber natürlich kann man Bastiat nicht vorwerfen, daß er seiner Zeit nicht um Jahre voraus war. Erst 1871 – also 21 Jahre nach Bastiats Tod – veröffentlicht der österreichische Ökonom *Carl Menger* in seinem Buch *Grundsätze der Volkswirtschaftslehre* die Lösung des 'Wertproblems'. Demnach begründet sich der Wert eines Gutes nicht 'objektiv', d.h. aufgrund von Vorleistungen oder einer speziellen Wesensqualität des Gegenstandes, sondern aufgrund der jeweiligen (subjektiven!) individuellen Präferenz im Verhältnis zu der angebotenen Menge. Indes, Bastiats Auffassung, daß jeder freiwillig erfolgende Tauschakt einen harmonischen Interessenausgleich darstelle, berührt dies alles nicht. Der logische Beweis kann auch ohne den Irrweg einer objektiven Werttheorie (die Bastiat unglücklicherweise für seine größte wissenschaftliche Errungenschaft hält!) geführt werden, und wird auch von Bastiat unanfechtbar erbracht. Die von ihm konsequent verfochtene Unterscheidung von *Wert* und *Nutzen* weist zudem schon in die Richtung einer subjektiven Werttheorie. Man könnte Bastiat schon deshalb einen geistigen Vorläufer der Mengerschen *Österreichischen Schule* nennen.

Ein anderes zentrales Argument für den Harmoniegedanken, das Bastiat präsentiert, verdient mehr Aufmerksamkeit, weil es kein *ökonomisches* Argument ist. Wie schon in einigen der kleineren Schriften zeigt sich Bastiat in den *Harmonies Économiques* als Moral- und Sozialphilosoph von Rang. Der Kern seiner Philosophie ist die Annahme: „Tout les intérêts légitimes sont harmoniques." (Alle legitimen Interessen sind harmonisch.) Das Wort *legitim* zeigt, daß es Bastiat nicht um den nackten Egoismus und die Verfolgung von Eigeninteressen zu Lasten anderer geht. Im Gegenteil: seine Kritik an allen Formen des Sozialismus basiert ja zurecht darauf, daß dieser vor allem auch illegitime Interessen mit ebenso illegitimem Zwangsrecht ausstatte. Man darf also Bastiat keineswegs als die unmoralische Inkarnation bourgeoiser Interessenlegitimation betrachten. Vielmehr verbirgt sich hinter seinem Denken eine äußerst rigide Moral, die keine vage 'pragmatisch' begründeten Ausnahmen zuläßt. In jüngerer Zeit wurde daher sogar darauf hingewiesen, daß Bastiat eine wesentlich geschlossenere moralische Rechtfertigung für ökonomische und rechtliche Freiheit geliefert hätte als so mancher moderne Autor. Insbesondere der Versuch einer evolutionären Begründung von Rechtsregeln, wie sie vor allem *Friedrich August von Hayek* in seinem Buch *The Constitution of Liberty* (Die Verfassung der Freiheit) von 1960 verficht, sei der strikten Rechtstheorie Bastiats in dieser Hinsicht klar unterlegen.[54] Dies liegt daran, daß Bastiat zwar den Nutzen einer freien Wirtschaftsordnung für den allgemeinen Wohlstand stets betont, aber die eigentliche moralische Begründung dieser Ordnung völlig unabhängig davon formuliert und deren Vorrang vor ökonomischen und anderen empirischen Erwägungen rigoros aufrecht erhält. Bastiat ist also – im Gegensatz zu den meisten radikalliberalen Ökonomen im England seiner Zeit – kein *Utilitarist*. Damit widerlegt sich auch die zeitgenössische Kritik an Bastiat, die ihm ausgerechnet von seiten katholischer Theologen und Ökonomen – etwa *Charles Périn* in seinem Buch *Les économistes, les socialistes et le christianisme* (Die Ökonomen, der Sozialismus und das Christentum) von 1849 – entgegenkommt. Sie werfen Bastiat vor, sein ganzes System auf egoistisch begründeter ökonomischer Rationalität aufzubauen, während Bastiat in Wirklichkeit diese mit einer naturrechtlich begründeten moraltheologischen Rationalität harmonisch verbindet, wobei letzterer sogar der Vorrang gebührt.[55] Bastiats Harmonieverständnis vermeidet einseitige Begründungen.[56]

Im Mittelpunkt dieser moralisch-theologischen Begründung, die Bastiat für sein System liefert, steht der Begriff Freiheit. Sie darf nur durch die Gerechtigkeit eingeschränkt werden, d. h. daß kein Mensch die Freiheit haben darf, anderen Menschen Gewalt und Zwang anzutun oder sie in ihrer Freiheit einzuschränken. Dies klingt zunächst trivial. Aber als Prämisse für ein Gesamtsystem formuliert, die nicht aufgrund von Ermessenserwägungen in der Praxis in Frage gestellt werden darf, ergeben sich daraus Konsequenzen von ungewohnter Radikalität. Es hat im 19. Jahrhundert einige Verfechter des Minimalstaates gegeben – in Deutschland wäre zum Beispiel *Wilhelm von Humboldt*[57] zu nennen, oder später der Soziologe und Evolutionstheoretiker *Herbert Spencer*[58] und der Schriftsteller und Parlamentsabgeordnete *Auberon Herbert*[59] in England – aber Bastiat ist einer der konsequentesten.

Aus den moralischen Prämissen erklärt sich auch Bastiats Ablehnung von Protektionismus und sozialistischer Umverteilung. Er könnte sie auch (im Gegensatz zu den englischen Utilitaristen, die sich spätestens seit *John Stuart Mill* deutlich sozialistischen Positionen annähern) aufgrund der Prämissen seiner Philosophie nicht einmal ansatzweise rechtfertigen. Jeder staatliche Umverteilungsakt stellt einen Zwangsakt gegenüber dem *Gebenden* dar, der sich nur dann rechtfertigen ließe, wenn das so 'umverteilte' Eigentum zuvor seitens des Gebenden durch Zwang und Gewalt erworben wäre – sprich: wenn es um die Rückführung gestohlenen Eigentums an den eigentlichen Besitzer ginge. Bei allen anderen Fällen handelt es sich um einen klaren Willkürakt. Diese stringente Argumentation führt wieder zum Harmoniegedanken. Dieser ist keineswegs so ausschließlich 'metaphysisch' oder 'theologisch' begründet wie es die Rhetorik Bastiats uns zunächst glauben läßt. Er ergibt sich aus analytischen und logischen Schlüssen, die aus den theoretischen Prämissen erfolgen. Demnach sind – und wer wollte dem widersprechen? – Freiheit und Willkür (und damit Gerechtigkeit und Umverteilung) miteinander unvereinbar. Es wird klar, warum Bastiats Schüler bei ihrer Antwort auf den Ende des 19. Jahrhunderts entstehenden modernen Sozialstaat stets auf freiwilliger Kooperation (z. B. durch Genossenschaften) bestanden. Alles andere wäre aus ihrer Sicht auch per se unmoralisch.

So entpuppt sich der scheinbar irrationale und veraltet wirkende Harmoniegedanke bei Bastiat als nichts anderes als die stets aktuelle Forderung nach einer Gesellschaft, die ohne ungerechten Zwang auskommt.

8. MEHR ALS NUR ÖKONOMIE: DIE FRIEDENSVISION DES MANCHESTER-LIBERALISMUS

Aus seinen moralischen Prämissen und dem sich daraus ergebenden Harmoniegedanken ergibt sich auch Bastiats ökonomische Theorie, die er in den *Harmonies Économiques* ausführlich darlegt. Da aber hier kaum etwas gesagt wird, was nicht schon in den früheren kleineren Schriften gesagt wurde, sei diese nur kurz erwähnt. Jeder Verstoß gegen die moralischen Prämissen stellt auch eine ökonomische Schädigung dar – auch wenn man sie 'nicht sieht'. Staatlicher Protektionismus und Umverteilung basieren auf der Entscheidung, Eigentümer zu schädigen oder Zwang zu unterwerfen, ohne daß dies mit einem von diesen Eigentümern begangenen Unrecht rechtzufertigen ist. Im Prinzip macht der Staat das, was er selbst bei Privatpersonen als Raub oder Diebstahl ahnden würde. Diese spezifische Form des staatlichen Raubes nennt Bastiat *spoliation* (Plünderung) – ein ständig in seinem Werk auftauchender Begriff.[60] Weil eben Rechtsverletzungen dieser Art immer zugleich ökonomische Schädigungen sind, ist es unmöglich, ökonomischen Fortschritt mit unrechtmäßigen Mitteln zu erzwingen. Ökonomie und Moral stehen in Einklang. Bastiat kann nicht anders als seine früheren Plädoyers für Wettbewerb und Freihandel in einem Minimalstaat, der nur Leben, Freiheit und Eigentum schützt, zu wiederholen. Bastiats Argumente hierbei sind meist weder neu noch originell, aber unwiderlegbar und oft bis auf den heutigen Tag Allgemeinbestand der Wirtschaftswissenschaften.

Aber Bastiat verfolgt in den *Harmonies Économiques* noch ein weiteres Anliegen. Es ist mit der Freihandelsfrage eng verknüpft. Schon bei seinem Besuch in England 1845 wundert Bastiat sich, daß die von Cobden und Bright ins Leben gerufene Bewegung sich mit der Bezeichnung *Anti-Corn Law League* einen Namen gegeben hätte, der nicht deren gesamtes großes Anliegen widergäbe, sondern sich nur auf ein äußerst begrenztes und konkretes politisches Ziel richte.[61] Das weitergehende Anliegen der Freihandelsbewegung wird z. B. im *Cobden-Vertrag* über den Freihandel zwischen England und Frankreich sichtbar. Dieses wird häufig über dem Kampf gegen die *Corn Laws* und für den Freihandel übersehen. Die *Manchester-Liberalen* sind Pazifisten und jedem Imperialismus gegenüber kritisch eingestellt. Allein die Tatsache, daß der *Manchester-Liberalismus* von der Arbeiterschaft getragen wurde und eine Epoche beispielloser Prosperität für alle Bevölkerungsschichten (nebst dem Ende der letzten Hungersnöte in Westeuropa!) einleitete, hätte ihm einen besseren Nachruhm bescheren müssen als der, den man ihm heute generell zubilligt. Der Pazifismus der Bewegung hätte sie endgültig von jedem moralischen Makel befreien müssen.

Cobden und Bright, ein gläubiger Quäker, sehen ihr Engagement für den Freihandel in einen weiteren Kontext eingebettet. In einem Brief im April 1842 schreibt Cobden: „... die Kolonialpolitik Europas war die Hauptursache von Kriegen in den letzten einhundertundfünfzig Jahren. Wiederum, der Freihandel wird unweigerlich, indem er die wechselseitige Abhängigkeit der Länder untereinander sichert, den Regierungen die Macht entreißen, ihre Völker in den Krieg zu stürzen."62

Cobden, Bright und die englische Freihandelsbewegung melden sich bei allen wichtigen politischen Fragen, die den Frieden und den Kampf gegen Imperialismus und Kolonialismus betreffen, zu Wort. Sie setzen sich für eine bessere Verwaltung in Indien ein, um der mißbräuchlich genutzten Macht der staatlich privilegierten Handelsmonopole entgegenzutreten und den Freihandel mit den Kolonien einzuführen – was, so Cobden, langfristig zum Ende des Kolonialismus führen müsse. Sie widersetzen sich dem britischen Engagement im Krimkrieg in vehementer Weise, obwohl selbst die Mehrheit der Liberalen und die Mehrheit des Volkes sich in Kriegsbegeisterung ergehen. Dem entspricht in Frankreich Bastiats Protest gegen die Kolonialpolitik seines Landes in Algerien und in Deutschland *Eugen Richters* Kampf gegen die nach Afrika und China ausgreifende Expansionspolitik unter *Kaiser Wilhelm II.*

Allgemein lautet das Credo der europäischen *Manchester-Liberalen:* Die Frage des Freihandels ist mit der des Friedens eng verbunden! In einer Rede in *Köln* bringt dies *John Prince-Smith* 1860 genau auf den Punkt: „Zwang in den volkswirthschaftlichen Verkehr einführen, heißt Willkür an die Stelle von Gerechtigkeit setzen..."63

Damit ist auch eine der Kernaussagen der *Harmonies Économiques,* die übrigens schon 1850 von *Prince-Smith* in deutscher Übersetzung herausgegeben werden, klar beschrieben. Aus seinen moralphilosophischen Grundannahmen heraus kann Bastiat im Protektionismus nichts anderes sehen als einen aggressiven Akt einer Nation gegen die andere und damit als eine Störung der Harmonie. So wie die feudalaristokratischen Gegner der freien Wirtschaft auf Kosten der arbeitenden Bevölkerung zu leben versuchen, so versuchen durch den Protektionismus Nationen an anderen *spolia-*

tion (Plünderung) zu begehen. Alle vermeintlich 'heroischen' militärischen Tugenden sind in Wirklichkeit nur kaschierende und gefährliche Rechtfertigungen des verhaßten Geistes der Plünderung. Dem muß die Produktivität, die nicht zu Lasten anderer geht, als Wert entgegengesetzt werden. Erst wenn die Menschen nicht mehr meinen, sie dürften die Erfüllung ihrer Bedürfnisse anderen abzwingen, gibt es endgültig Frieden auf der Welt.

Wer Bastiats hochidealistische Aussagen über Freihandel und Frieden liest, der kann ein Verständnis dafür gewinnen, warum der *Manchester-Liberalismus* zu einer solchen internationalen Massenbewegung wurde. Die Lektüre von Bastiats *Harmonies Économiques* läßt auch den heutigen Leser dies verstehen.

9. DER RUHM UNTER DEN ZEITGENOSSEN

Noch die nächsten zwei Jahrzehnte nach seinem Tode gilt Bastiat als der größte intellektuelle Kopf der Freihandelsbewegung und deren wirkungsvollster Fürsprecher außerhalb Englands. Sein Einfluß ist enorm. Schon zu Lebzeiten schart sich eine Gruppe überaus talentierter Ökonomen um ihn, die ihn im Kampf unterstützen. *Charles Dunoyer* sei erwähnt, der mit seiner berühmten Abhandlung *De la liberté et du travail* (Über die Freiheit und die Arbeit) 1845 das Prinzip der Vertragsfreiheit im Arbeitsleben wissenschaftlich begründet, und der neben seinen ökonomischen Schriften sich auch auf anderen Gebieten (etwa dem Konstitutionalismus) energisch für liberale Ideen einsetzt.[64] Auch der junge Ökonom *Michel Chevalier*, Mitherausgeber des einflußreichen *Journal des débates* und Bastiats wichtigster Schüler, sei genannt, ebenso Publizisten wie *Charles Comte* oder Historiker wie *Augustin Thierry*.

Trotzdem bleibt der politische Erfolg der französischen Freihandelsbewegung bei der Durchsetzung ihrer Ziele weit hinter dem der englischen Bewegung um Cobden und Bright zurück. Erst 1860 – also 10 Jahre nach Bastiats Tod – erringt sie mit dem *Cobden-Vertrag* zwischen England und Frankreich einen bedeutenden Durchbruch. Es hätte Bastiat mit Freude erfüllt, zu wissen, daß *Michel Chevalier* die französische Delegation bei den Verhandlungen zu dem Vertrag anführt.

Auch außerhalb Frankreichs bleibt Bastiats Werk nicht ohne Einfluß. In Deutschland erscheinen seine Bücher in Übersetzung und werden bis zum Ende des 19. Jahrhunderts immer wieder neu aufgelegt.[65] Sie haben für die Freihandelsbewegung schon fast die Bedeutung einer ökonomisch-liberalen Ersatzbibel. Sie sind das Aufklärungs- und Erziehungsmittel schlechthin. Das mag unter anderem seinen Grund darin haben, daß moderne Wirtschaftstheorien in Deutschland erst sehr spät an den Universitäten Einzug halten. Gemeinhin sieht man das Erscheinen des von *Karl Friedrich Rau* im Jahre 1826 veröffentlichten *Lehrbuchs der politischen Ökonomie* als die Geburtsstunde der deutschen Volkswirtschaftslehre an. Man bedenke!: In England ist dieser Beginn spätestens mit Smiths *Wealth of Nations* im Jahre 1776 anzusetzen; in Frankreich wäre das Jahr 1803 zu nennen, das Erscheinungsdatum von *Says Traité*. Es wundert nicht, daß *Prince-Smith* vor dem *Verein zur Verbreitung volkswirthschaftlicher Kenntniß*, der gerade einige Schriften Bastiats in deutscher Übersetzung herausgegeben hat, 1849 sagen kann: „In Deutschland wurden indessen populäre Schriften über Volkswirthschaft bisher fast gar nicht oder nur sehr schlecht produzirt. Nach echt volkswirthschaftlichem Grundsatze hat der Verein, indem er die Schriften des genialen Bastiat übersetzte, sich durch Einfuhr verschafft, was hier weder so wohlfeil noch gleich so vorzüglich zu beschaffen war."[66] Jedenfalls steht Bastiats Werk zeitweise für die deutschen Freihändler gleichrangig neben den Werken Adam Smiths.[67]

Das gleiche gilt auch in wesentlich geringerem Maße für das von Bastiat bewunderte Großbritannien, wo insbesondere die Schrift *La Loi* (englischer Titel: *The Law*), die 1853 in Übersetzung erscheint, weite Verbreitung findet. Bezeichnenderweise wird Bastiat aber in England erst in einer Zeit bekannter, als sich in diesem Lande die Ökonomen von der klassisch liberalen Lehre abzuwenden beginnen – allen voran *John Stuart Mill*. Bastiats Hauptwerk, die *Harmonies Économiques*, erscheinen jedenfalls erst 1870 in englischer Übersetzung unter dem Titel *Harmonies of Political Economy*. Sogar jenseits des Atlantiks wird sein Name berühmt. Ende der 1860er Jahre erscheinen auch in den *Vereinigten Staaten* Übersetzungen der Hauptwerke Bastiats.[68] Verantwortlich dafür ist der Bankier und Eisenbahnunternehmer *Francis Amasa Walker* (1799–1875), der sich in älteren Jahren der Lehre und Forschung auf ökonomischem Gebiet widmet. Nicht nur als Herausgeber von Übersetzungen der Werke Bastiats wird er berühmt. Er verfaßt auch selbst Werke, wie etwa das Buch *The Science of Wealth: A Manual of Political Economy* (1866), das einige Bastiat'sche Gedanken radikal weiterführt. Fortgesetzt – wenn auch schon etwas moderater, was die Radikalität der Thesen angeht – wird Walkers Schaffen von seinem gleichnamigen Sohn, der sich später mit seinem Werk *Political Economy* (1883) selbst als ausgesprochener Freihändler erweist. Walker ist von 1886 bis 1892 der Gründungspräsident der renommierten *American Economic Association*. Sein Buch, das auch einige Ideen von Bastiat aufgreift, bleibt lange ein Standardlehrbuch an amerikanischen Wirtschaftsfakultäten.

10. ZU UNRECHT VERGESSEN UND VERFEMT

Zu Beginn des 20. Jahrhunderts wird es still um Bastiat. Sein Ruhm verblaßt nachhaltig. 1968 kann sogar in einem sozialwissenschaftlichen Handbuch der Satz stehen: „Bastiat gewann seine Zeitgenossen für sich, aber enttäuschte seine Nachfolger."[69] Dies hat aber keineswegs etwas mit seinen Fähigkeiten als Schriftsteller und Ökonom zu tun. Vielmehr ist es so: Der Künder des *Manchester-Liberalismus* geht den Weg des *Manchester-Liberalismus*. Weder der immense Erfolg bei der Bekämpfung von Not noch der kämpferische Idealismus gegen Krieg und Kolonialismus hat es verhindern können, daß kaum eine liberale Bewegung so sehr der Verdammnis späterer Generationen anheimfiel wie der *Manchester-Liberalismus*. Damit fällt auch Bastiat, der wesentliche intellektuelle Repräsentant der Bewegung, der Verdammnis anheim.

Fragt man nach den Gründen, warum von allen Strömungen des Liberalismus nun ausgerechnet der *Manchester-Liberalismus* so sehr (und so sehr zu Unrecht!) in Verruf gekommen ist, so mutet die Antwort grotesk an. Er ist nämlich seinen eigenen Waffen zum Opfer gefallen. Die Bewegung gegen die *Corn Laws* fällt in eine Zeit, da es den Liberalen gelingt, die demokratischen Rechte größerer Bevölkerungsschichten zu erweitern. Insbesondere die englische *Reform Bill* von 1832 sei hier zu erwähnen. Aber auch auf dem europäischen Kontinent – und dort vor allem auch in Bastiats Heimatland Frankreich – ist die Demokratie auf dem Vormarsch, um sich schließlich in der Revolution von 1848 Bahn zu brechen. Dies erklärt, weshalb die *League* Cobdens und Brights so mit Erfolg durch außerparlamentarische Massenmobilisierung politisch wirksam werden kann; es erklärt aber auch, weshalb die Gegner, die noch völlig in einem aristokratischen Politikstil befangen sind, der auf den Interessen einer sehr beschränkten Klientel basiert, zunächst nicht zum Zuge kommen.

Aber die Gegner lernen schnell. Schon bald bildet sich ein konservativer Politikertypus heraus, der den klassischen feudalen Privilegienstaat so umformen kann, daß er für die Massen attraktiv wird. In England sei *Benjamin Disraeli* genannt, der mit seiner Theorie von den *zwei Nationen* (arm und reich), die es zu versöhnen gelte, die Tories wieder mehrheitsfähig macht, nachdem er Premierminister *Peel* wegen seiner Zustimmung zum Freihandel gestürzt hat. Disraeli, der es sich sogar erlauben kann, mit der zweiten *Reform Bill* von 1869 eine abermalige Stimmrechtserweiterung durchzusetzen, kommt die zweifelhafte Entdeckung zu, daß man das Instrumentarium des Privilegienstaates auch zum Stimmenkauf in einem modernen und demokratischen Gemeinwesen anwenden kann. Zu den Mitteln gehört auch ein ausbeuterischer Imperialismus, der an niederste Instinkte appelliert. Trotzdem ist der Nachruhm Disraelis als humaner Sozialreformer heute erheblich besser als der Cobdens und Brights.

Besonders früh beginnt die Absorbierung demokratischer Methoden durch konservativ-autoritäres Politikverständnis in Frankreich. Schon ein Jahr nach Bastiats Tod beendet *Louis Napoleon* (ein Neffe Napoleons I.) die 1848er Revolution mit einem Staatsstreich. Ein Jahr später läßt er sich zum Kaiser krönen. Das Projekt einer liberalen Republik, wie sie Bastiat wollte, ist damit beendet – ein Vorgang, der seinen Schüler *Gustave de Molinari*, der noch gerade im *Journal des Économistes* einen liebevollen Nachruf auf seinen Mentor Bastiat verfassen kann,[70] ins Exil nach Belgien treibt. *Kaiser Napoleon III.* kann seine Macht geschickt unter Ausnutzung plebiszitärer Elemente erhalten. Dabei bedient er sich einer kruden Politik des 'Stimmenkaufs' durch rigoros durchgeführte staatliche Arbeitsbeschaffungsmaßnahmen,[71] die erfolglos sind und den Staat finanziell bald an den Rand der Krise bringen. Er versucht bald darauf seine sinkende Popularität durch imperialistische Abenteuer in der Außenpolitik zu verbessern – etwa durch die Schaffung eines von ihm abhängigen Kaiserreichs in Mexiko, das blutig scheitert. Daß er 1860 gleichzeitig doch das Freihandelsabkommen mit England unterzeichnet, dem ähnliche Verträge mit anderen Nationen folgen, ist zum Teil einem wachsenden oppositionellen Druck zu verdanken, zeigt aber auch, daß die Gefahr weniger von einem sozialistischen Doktrinarismus ausgeht, sondern von einem prinzipienlosen schleichenden Interventionismus, wie er für die meisten modernen Staaten charakteristisch ist.

In Deutschland ist es nach seinem Bekenntnis zur Schutzzollpolitik 1878 vor allem *Bismarck*, der der Freihandelsbewegung die Massenunterstützung wegzunehmen versteht. Seine politischen Methoden dabei sind wesentlich subtiler als die Napoleons III., weshalb sie auch politisch länger bestehen. Mit dem von ihm betriebenen Ausbau staatlicher sozialer Versicherungssysteme gelingt es ihm nicht nur, immer größere Klientelen in Abhängigkeit gegenüber dem Staat zu bringen, sondern auch die liberalen Ansätze auf diesem Sektor für immer aus der Agenda zu streichen. Die soziale Fürsorge ist nämlich von Anfang an eines der Kernanliegen der *Manchester-Liberalen* in ganz Europa. Die Skepsis der Arbeiterschaft gegenüber dem Staat ist anfänglich so beträchtlich, daß die Ideen Cobdens von Selbstorganisation, Genossenschaften und Bildungsvereinen auf begeisterte Zustimmung stoßen. Einige Arbeitervereine in England gehen sogar so weit, daß sie das Geldmonopol des Staates mit einer eigenen Notenausgabe zu untergraben versuchen.

Die von Konservativen betriebene Umwandlung des feudal-aristokratischen Privilegienstaates in einen nun demokratischen Privilegienstaat bricht diesen Tendenzen die Spitze. *Bismarcks* infames und völlig tatsachenwidriges Diktum von der „Clique der Manchesterpolitiker", die nur „Vertreter des mitleidlosen Geldsacks"[72] seien, soll sich bis zum heutigen Tage in den Köpfen der Menschen festsetzen – ein Sieg der billigen Propaganda über die Wahrheit. Noch bis zum Beginn des 20. Jahrhunderts gibt es dennoch vereinzelte Kämpfer für ein nicht-staatliches Sozialsystem, das auf Freiwilligkeit und nicht auf Zwang beruht – etwa *Auberon Herbert* in England, der anarchistische Libertäre *Benjamin Tucker* in Amerika oder *Eugen Richter*, der große parlamentarische Gegenspieler Bismarcks, in Deutschland. Ihren Vorläufer finden sie dabei in *Hermann Schulze-Delitzsch*. Gerade am Beispiel von Schulze-Delitzsch, immerhin ein begeisterter Sozialreformer, der als der *Vater des deutschen Genossenschaftswesens* in die Geschichte eingeht, wird der Wechsel im geistigen Klima deutlich. Ausgerechnet ihm gegenüber kann der Sozialdemokrat *Ferdinand Lasalle* bereits erfolgreich die Bezeichnung 'Manchester-Mann' als Schmähwort verwenden, das soziale Rücksichtslosigkeit suggeriert. Daß er ihn dabei gleichzeitig als '*Herr Bastiat-Schulze von Delitzsch*'[73] diffamiert, zeigt, wie sehr Bastiats Name mit dem der *manchester-liberalen Freihandelsbewegung* in ganz Europa verbunden ist – aber auch wie sehr er mit dieser fallen mußte.

Ende des 19. Jahrhunderts kämpfen die Liberalen der Art, wie sie Bastiat repräsentiert, mit dem Rücken an der Wand. Ist der Privilegienstaat erst einmal etabliert, so kann sich keine politische Kraft mehr vollständig dem Zwang zum Stimmenkauf und zur Bevorzugung von Klientelen entziehen. Die Arbeiterbewegung als Vertreterin eines besonders großen Bevölkerungssegmentes begreift dies schnell. Die Trennung vom *Manchester-Liberalismus*, der sich aus seiner inneren Moral heraus daran nicht beteiligen kann, erfolgt umgehend. Obwohl es sich eigentlich gegenüber dem *Manchestertum* um einen anachronistischen Rückfall handelt, kann sich der Umverteilungsstaat nun auch im 'progressiven' Gewande präsentieren. Die Konservativen haben sich daher schnell verrechnet, denn die Stimmen, die man sich 'einzukaufen' erhoffte, finden natürlich in den sozialistischen und sozialdemokratischen Parteien bald eine glaubwürdigere Heimat. Zuletzt gibt es noch eine Gruppe von „Liberalen", die versucht, sich den neuen Gegebenheiten anzupassen. Sie opfert ihre Prinzipien der Jagd nach Wählergruppen, was ihr aber kaum je überzeugend gelingt. In Deutschland gehören dazu ebenso die Nationalliberalen, die der Bismarckschen *Schutzzollpolitik* zustimmen, wie Teile des Linksliberalismus (mit Ausnahme von Eugen Richters *Freisinniger Volkspartei*, die den *Manchester-Idealen* treu bleibt), die sich immer mehr zum Anhängsel der sozialdemokratischen Geistesströmungen entwickeln. In England sind es Mitglieder des radikalen Flügels der Liberalen Partei, die (wie etwa *Joseph Chamberlain*) dem aggressiven Imperialismus und Kolonialismus der Konservativen mit Begeisterung folgen.

Was bleibt ist das grauenvolle Erbe, das uns die Sieger über das *Manchestertum* hinterlassen haben. Es ist der Interessengruppenstaat, den wir heute kennen. Seine innere Dynamik ist damals wie heute nicht zu kontrollieren. Alle Warnungen Bastiats, daß der Staat nicht zu einer Fiktion degenerieren dürfe, in „der jedermann auf Kosten von jedermann zu leben versucht" werden dabei ignoriert. Dieser Staat versucht zunächst, seine Ziele durch nationalistische 'Interessenwahrnehmung' durchzusetzen. Die zwei Jahrzehnte nach dem ersten großen Erfolg der Freihandelsbewegung in England sind nicht nur eine Zeit ungeheuer wachsenden Wohlstandes, sondern auch eine Zeit des Friedens. Mit Ausnahme des Krimkrieges gibt es keine größere militärische Auseinandersetzung in Europa. Alles dies endet mit dem Niedergang des *Manchestertums*. Die friedliche Revolution bleibt unvollendet. Imperialismus und Schutzzollpolitik (die in Wirklichkeit − so hatten Cobden, Bright, Prince-Smith und Bastiat nachgewiesen − immer auch das eigene Land schädigen) bringen Europa bald auf jene abschüssige Bahn, an deren Ende der *Erste Weltkrieg* steht. Ihm folgt der Aufstieg der totalitären Regime von *Nationalsozialismus* und *Stalinismus*. Alles dies findet unter konservativen, sozialistischen, sozialliberalen und nationalen Intellektuellen nichtsdestoweniger so viel Anklang (oder wird von ihnen zumindest ungewollt geistig vorbereitet), daß bald der Eindruck erweckt wird, daß es der *Manchester-Liberalismus* gewesen sei, der für die Übel der Welt − Imperialismus, Verarmung und alles, was sonst noch so einfällt − verantwortlich ist.[74]

11. BASTIATS VISION – EINE VISION MIT ZUKUNFT

Obwohl es noch bis in die Zeit nach dem 2. Weltkrieg dauern soll, bis die Menschen wieder Vertrauen in eine freiheitliche Wirtschaftsordnung finden, gibt es bereits vor dem 1. Weltkrieg Intellektuelle, die sich mutig dem anti-liberalen Zeitgeist entgegenstellen. Zu ihnen zählen auch einige direkte Schüler Bastiats, so z. B. *Yves Guyot* mit seinem 1893 veröffentlichten Buch *La tyrannie socialiste* (Die sozialistische Tyrannei). Der bekannteste von ihnen ist zweifellos *Gustave de Molinari*. Bereits zu Bastiats Lebzeiten hatte er sich als dessen radikalster Schüler entpuppt. In seinem 1849 im *Journal des économistes* erschienen Artikel *De la Production de la Securité* (Über die Produktion von Sicherheit) trägt er den Gedanken des freien Marktes in Gebiete, die selbst Bastiat – der gewiß nicht im Verdacht steht, ein Etatist zu sein – für die heiligste Domänen des Staates hält, nämlich der inneren Sicherheit. Da selbst bei Bastiat der Staat nur eine Rechtsschutzagentur ist, meint Molinari, daß dann dessen polizeiliche Aufgaben auch von privaten Versicherungsagenturen im Wettbewerb wesentlich günstiger erledigt werden könnten. In seinen späteren großen Werken wie *Morale économique* (Ökonomische Moral) 1888 und *Esquisse de l'organisation politique et économique de la société future* (Entwurf der politischen und wirtschaftlichen Organisation der Gesellschaft der Zukunft) von 1899 entwickelt Molinari dann Bastiats Denken umfassend zu einer anarchistischen Freiheitsutopie weiter. Molinari engagiert sich darüber hinaus für die Bewegung zur Schaffung einer Zollunion zwischen allen wichtigen Staaten Europas – eine rühmliche Ausnahme im sich immer mehr nationalistisch und imperialistisch gebärdenden Europa des *fin de siecle*.

Nach Molinaris Tod im Jahre 1912 scheint es niemanden mehr zu geben, der Bastiats Erbe aufrecht erhält.[75] Nur vereinzelt und selten erwähnen ihn noch danach liberale Denker, etwa *Ludwig von Mises* in seinem 1927 erschienenen Buch *Liberalismus*, ganz am Rande als einen der großen Vordenker von Marktwirtschaft und Freihandel.

Erst seit den 1950/60er Jahren macht sich ein gegenteiliger Trend bemerkbar. Zunächst in den Vereinigten Staaten werden Bastiats Werke – erstmals seit langem! – wieder veröffentlicht[76] und einem größeren Publikum bekannt gemacht. Auch in England – dem Ursprungsland des von Bastiat bewunderten *Manchester-Liberalismus* – kommt Bastiat zu Ehren. Keine Geringere als die damalige Premierministerin *Margaret Thatcher* verkündet, daß

Bastiat ihr ökonomischer Lieblingsschriftsteller sei – ausgerechnet bei einem Staatsbesuch in Frankreich in den 1980er Jahren, nur um festzustellen, daß man Bastiat dort kaum noch kennt.[77] Doch inzwischen beginnt man sich auch in seinem Heimatland Frankreich wieder seiner zu besinnen,[78] und es ist anzunehmen, daß dieser Trend sich ausweiten wird.

Die Geschichte wird immer von den Siegern geschrieben – im Falle Bastiats und des *Manchester-Liberalismus* ist dies so offenkundig wie selten. Das Geschichtsbild einer unheiligen Koalition von Konservativen und scheinbar Progressiven prägt noch heute die populären Anschauungen, die über beide bestehen. Es liegt wie eine Bürde auf dem Liberalismus. Es hat das Selbstbewußtsein fast aller Liberalen untergraben, die sich für weniger Staat und mehr Markt einsetzen. Es hat Menschen davon überzeugen können, daß Nationalismus, Kolonialismus und Obrigkeitsstaatlichkeit menschlicher seien als Weltbürgertum und Freiheit (der Glaube der *Manchester-Liberalen*). Es unterminiert langfristig die Basis für jenen Massenwohlstand und jenen Sieg über die Not, den wir nämlich nicht der staatlichen Umverteilungsbürokratie, sondern nur der Entfesselung individueller Eigenverantwortung verdanken.

Dies ist die Lektion, die nicht nur die entwickelten Industrienationen wieder begreifen müssen. Sie eignet sich vor allem für jene Länder die sich noch in der Lage befinden wie die europäischen Nationen zur Zeit Bastiats. Unzählige fehlgeschlagene staatliche Entwicklungsprogramme haben in diesen Ländern den Wert der Lehren eines Bastiat bestätigt. Die von dem deutschen Ökonomen *Friedrich List*, dem wohl einflußreichsten Schriftsteller des Protektionismus aller Zeiten, 1840 in seinem Buch *Das nationale System der Politischen Ökonomie* entwickelte These, daß ärmere Länder eine Zeit lang des Protektionismus bedürften, um überhaupt wettbewerbsfähig zu werden, findet immer noch viele Anhänger in der Welt. Die katastrophalen Folgen, die daraus erwachsen, sehen wir täglich. Dabei bleibt die Wahrheit bestehen: Erst die Befreiung von wirtschaftspolitischen Schranken hat den Sieg über den Hunger möglich gemacht. Dies ist umsomehr eine großartige zivilisatorische Leistung, da sie im 19. Jahrhundert inmitten der Zeit einer riesigen Bevölkerungsexplosion bisher ungekannten Ausmaßes stattfand. Die Not in der 3. Welt zeigt, was passiert, wenn eine Bevölkerungsexplosion ohne gleichzeitige Freisetzung von Marktkräften geschieht. Bastiats Schriften lesen sich dabei heute wie eine einzige große Anklage gegen den Protektionismus der 1. gegenüber der 3. Welt. Die Erfolge von Ländern wie Chile, Malaysia oder selbst China, die sich früh den Märkten öffneten, bestätigen hingegen die Lehren seines *Manchestertums* zur Gänze.

Kein Autor hat je diese Lehren so mitreißend und klar darzustellen vermocht wie *Frédéric Bastiat.* Wenn wir die Stimme des Optimismus in unserer nicht vollkommenen Welt hören wollen, müssen wir auf ihn und sein Werk zurückgreifen.

12. BIBLIOGRAPHISCHE ANMERKUNGEN

Die zunächst oft in vielen Zeitschriften oder Einzelausgaben verstreut erschienenen Schriften Bastiats werden schon einige Jahre nach seinem Tode in einer Gesamtausgabe herausgegeben:
- *Oeuvres Complètes de Frédéric Bastiat, mises en ordre, revues et annotées d'après les manuscripts de l'auteur (par P. Paillottet et R. de Fontenay), Paris, Guillaumin, 1854-55, 6 Bde.*

Dieser Gesamtausgabe der Werke Bastiats wird bald noch ein siebter Band mit vermischten Schriften hinzugefügt. Solange keine moderne kritische Ausgabe herausgegeben wird, hat diese (nach damaligen Maßstäben sehr sorgfältig aufgemachte und kommentierte) Edition als die Standardausgabe von Bastiats Werken zu gelten:
- *Oeuvres complètes de Frédéric Bastiat, mises en ordre..., 2ème édition, Paris, Guillaumin, 1862-64, 7 Bde.*

Mit nur geringfügigen Veränderungen wird diese Ausgabe bis 1893 in zahlreichen Auflagen wiederveröffentlicht.

Eine aktuellere Gesamtausgabe der Schriften ist zwar seitdem nicht herausgegeben worden, doch für diejenigen, die Bastiat in der Originalsprache genießen möchten, ist seit 1983 immerhin eine Auswahl seiner wichtigsten kleineren Werke auf dem Markt erhältlich:
- *Frédéric Bastiat, Oeuvres Economiques, hrsg. v. Florin Aftalion, Paris 1983*

In Deutschland ist die einstmalige Begeisterung für Bastiat dem vollständigen Vergessen gewichen. In diesem Jahrhundert erschien kein Werk von ihm in deutscher Sprache. Um einen kleinen Überblick über Bastiat zu bekommen, muß man – neben einigen im 19. Jahrhundert erschienenen Einzelwerken – auf folgende Sammlung zurückgreifen:
- *Friedrich Bastiat, Eine Auswahl aus seinen Werken, hrsg. v. Karl Braun-Wiesbaden, Berlin 1880*

In diesem Jahrhundert – insbesondere nach dem 2. Weltkrieg – hat Bastiat vor allem in den Vereinigten Staaten viele Freunde gewonnen. Besonders die in Irvington-on-Hudson nahe New York ansässige *Foundation for Economic Education* hat sich darum verdient gemacht, daß der Hauptteil der Werke Bastiats in englischer Sprache und in äußerst preisgünstigen Ausgaben wieder einem größeren Publikum zugänglich gemacht wurden. Es seien folgende Bände besonders erwähnt:

- Frederic Bastiat, *Economic Harmonies*, übers. v. W. H. Boyers, eingel. v. D. Russell, 3. Aufl., Irvington-on-Hudson 1979
Frederic Bastiat, Selected Essays on Political Economy, übers. v. S. Cain, eingel. v. F. A. Hayek, 3.Aufl., Irvington-on-Hudson 1975
- Frederic Bastiat, *Economic Sophisms*, übers. v. A. Goddard, eingel. v. H. Hazlitt, 4. Aufl., Irvington-on-Hudson 1991

Diese amerikanischen Ausgaben sind – obwohl sie der Schönheit von Bastiats Originalsprache auch in der besten Übersetzung nie gerecht werden können – für den heutigen Leser immer noch der günstigste Zugang seinem Werk.

Bleibt zu hoffen, daß Bastiat auch bald in Deutschland wiederentdeckt und sein Werk in moderner Ausgabe herausgegeben wird.

13. ANMERKUNGEN

1 Ludwig von Mises, Liberalismus, eingeleitet von H. H. Hoppe, St. Augustin 1993, S. 171
2 „...the most brilliant economic journalist who ever lived.", Josef Schumpeter, History of Economic Analysis, New York 1954, S. 500
3 R. F. Hébert, Claude Frédéric Bastiat; in: J. Eatwell, M. Milgate, P. Newman (Hrsg.), The New Palgrave: The Invisible Hand, London 1987, S. 51, meint dazu: „He was quite simply a genius of wit and satire, frequently described as a combination of Voltaire and Franklin. He had the habit of exposing even the most complex economic principles in amusing parables that both charmed and educated his readers. His writings retain their currency, even today."
4 Guido de Ruggiero, Geschichte des Liberalismus in Europa, München 1930, S. 178
5 Nicht zu Unrecht beschreibt Mises, s. o., dieses Vorgehen gegenüber Bastiat so: „Seine Kritik aller protektionistischen und verwandten Bestrebungen ist auch heute noch unübertroffen. Die Schutzzöllner und Interventionisten haben kein Wort sachlicher Entgegnung vorbringen können. Sie stammeln nur immerfort: Bastiat ist 'oberflächlich'."
6 Adam Smith, The Wealth of Nations, Two Volumes in One, hrsg. von E. Cannan, Vorwort von G. Stigler, Chicago 1976, II S. 12
Smith hält die angeblich begünstigenden Zuschüsse für schädlicher – vor allem in Hinsicht auf die ärmeren Bevölkerungsschichten – als jede noch so harte Besteuerung selbst lebenswichtiger Güter.
7 Edmund Burke, Thoughts and Details on Scarcity; in: ders., The Works. Twelve Volumes in Six (Neudruck der Ausgabe London 1887), Hildesheim 1975, V S. 133 (Übers. DD)
8 ebd.
9 Zur Neubewertung des Manchester-Liberalismus siehe: Detmar Doering, Eine Lanze für den Manchester-Liberalismus; in: liberal, Heft 3, August 1994, S. 80 ff.
Einige Stellen dieses Aufsatzes wurden hier wörtlich übernommen und eingearbeitet.
10 Die wohl eindringlichste Schilderung der Kampagne gegen die *Corn Laws* findet sich in John Morleys Biographie von Cobden. Morley gehört selbst zu den wichtigsten Schriftstellern und Staatsmännern der liberalen Epoche Großbritanniens im 19. Jahrhundert. Zum Kampf gegen die *Corn Laws* siehe: John Morley, The Life of Richard Cobden, London/Edinburgh/Dublin/New York, o. D., S. 95 ff.
11 Das immer noch grundlegende Werk über den Kongreß *deutscher Volkswirte* ist: Volker Hentschel, Die deutschen Freihändler und der volkswirtschaftliche Kongreß, 1858-1885, Stuttgart 1975
Einen weitergehenden und umfassenden Überblick über die gesamte deutsche Freihandelsbewegung bietet: Ralph Raico, Der deutsche Liberalismus und die deutsche Freihandelsbewegung – eine Rückschau; in: Zeitschrift für Wirtschaftspolitik, 36. Jg., Nr. 3, 1987, S. 263 ff.
12 Journal des économistes, No. 9 (1844), S. 244 ff.
13 Zur Biographie Bastiats informieren einführend: Louis Baudin, Frédéric Bastiat, Paris 1962 und George C. Roche, Free Markets, Free Men. Frédéric Bastiat 1801-1850, Hillsdale 1993
14 Teresa Gorman, The Legacy of Frédéric Bastiat; in: Notes from the FEE (Foundation for Economic Education), Winter 1991, S. 1
15 George C. Roche, Free Markets, Free Men, op. cit., S. 79 (Übers. DD)
16 siehe u. a.: F. A. von Hayek, Liberalismus, übers. v. E. v. Malchus, Tübingen 1979, S.15
17 ebd., S. 6
18 Siehe: George C. Roche, Free Markets, Free Men, op. cit., S. 124 f. u. 126 f. Insbesondere läßt sich ein Einfluß Coleridges nirgendwo auch nur ansatzweise nachweisen.
19 Siehe hierzu zusammenfassend: Detmar Doering, Tyrannei der Menschenrechte? Vor 200 Jahren erschienen: Edmund Burkes Reflections on the Revolution in France; in: liberal, Heft 4, November 1990, S. 95 ff.
20 Adam Smith, The Wealth of Nations, op. cit., II S. 24

21 ebd., II S. 422
22 Der Begriff wurde wahrscheinlich von Quesnay in die Wirtschaftswissenschaft einge-
führt. Siehe: David R. Henderson, Francois Quesnay; in: Fortune Encyclopedia of Economics, New York 1993, S. 825
23 Siehe: Detmar Doering, Turgot und die Bändigung der Aufklärung; in: liberal, Heft 3,
August 1991, S.115 ff.
24 Alexis de Tocqueville, Der alte Staat und die Revolution, übers. v. Th. Oelckers, München 1978,S.160
25 Nicht nur die Ökonomen besinnen sich dabei auf liberale politische Werte, auch die
politischen Denker des französischen Liberalismus eignen sich bald wirtschaftsliberale
Ideen an, die zumindest implizit stets in ihrer Philosophie integriert sind. *Benjamin Constant*, der zweifellos wichtigste Denker des liberalen Konstitutionalismus in Frankreich
des Empire und der Restauration, ist ein typisches Beispiel. 1819 meint er in seiner
Schrift *Über die Freiheit der Alten im Vergleich zu der der Heutigen*, daß der neue Liberalismus auch das Recht jedes Menschen bedeute, „sein Gewerbe zu wählen und es
auszuüben, über sein Eigentum zu verfügen, ja es sogar zu mißbrauchen..." Benjamin
Constant, Werke in vier Bänden, übers. v. E. Rechel-Mertens, hrsg. v. A. Blaeschke u. L.
Gall, Berlin 1972, IV S. 367
Der amerikanische Historiker und Liberalismusforscher *Ralph Raico* meint dazu: „Constant did not occupy himself particularly with economic questions. In this field he was
first and last a disciple of Adam Smith and J. B. Say, but asserting the principle of non-
intervention in even more absolute terms than was customary with the professional economists, and going so far as to criticize the latter for not adhering firmly enough to
their motto of *laissez faire, laissez passer.*" Ralph Raico, Benjamin Constant; in: New
Individualist Review, Vol. 3, No. 2, 1964, S. 48 f.
26 In einem Brief aus dem Jahre 1813 stellt Jefferson *Destutt de Tracy* sogar über Smith
und Say: „As Smith had corrected some principles of the Economists, and Say some of
Smith's, so Tracy has done as to the whole." The Life and Selected Writings of Thomas
Jefferson, hrsg. v. A. Koch/W. Peden, New York 1944, S. 625
27 Othmar Spann, Die Haupttheorien der Volkswirtschaftslehre, 21. Aufl., Leipzig 1931,
S. 60
28 Jean Baptiste Say, Traité d'économie politique, 2. Bde., Paris 1803, II S. 175 (Übers.
DD)
29 In seinem Buch *Elements of Political Economy* begründet Mill das Gesetz wie folgt: „A
commodity which is supplied, is always, at the same time, a commodity which is the instrument of demand. A commodity which is the instrument of demand, is always, at the
same time, a commodity added to the stock of supply. Every commodity is always, at
one and the same time, matter of demand, and matter of supply. Of two men who per-
form an exchange, the one does not come with only a supply, the other with only a demand; each of them comes with both a demand and a supply. The supply, which he
brings, is the instrument of his demand; and his demand and supply are of course
exactly equal to one another." James Mill, Elements of Political Economy, Hildes-
heim/New York 1971 (Reprint d. 3. Aufl. London 1826), S. 232
30 Say antwortet auf Malthus Einwände in seinem 1820 erschienenen Werk *Lettres à M.
Malthus sur différens sujets d'économie politique, notament sur les causes de la stagna-
tion générale du commerce.*
31 Thomas Sowell, Say's Law. An Historical Analysis, Princeton 1973, S. 232, unter-
streicht die Bedeutung Says und seines Gesetzes schon alleine aus dem Grunde, daß
„those who took part in these controversies constituted a substantial portion of the
major figures in the history of economics."
32 Malthus' Position bedarf einer Erläuterung. Es geht ihm nicht um den Beweis der Behauptung, daß ein Produzent bisweilen über den Marktbedarf hinaus produzieren
kann. Dies wäre trivial. Es handelte sich dann nämlich nur um das, was die englischen
Klassiker *partial glut* (= „teilweise Verstopfung" der Absatzwege) nennen. Ihm geht es
aber um die *general glut* (= „allgemeine Verstopfung" der Absatzwege). Diese defi-
niert Malthus so: „A glut is said to be general, when, either from superabundance of
supply or diminution of demand, a considerable mass of commodities falls below the
elementary costs of production. " Thomas Robert Malthus, Definitions in Political Economy, Fairfield 1986 (Reprint d. 1. Ausg. London 1827), S. 247.

Damit beschreibt Malthus keine mikroökonomischen Entscheidungen mehr, sondern ein *makroökonomisches Phänomen.* Angebot und Nachfrage werden insgesamt als volkswirtschaftliche Aggregate aufgefaßt. Es verwundert nicht, daß in diesem Jahrhundert ausgerechnet *John Maynard Keynes* mit Malthus' Angriffen gegen das *Saysche Gesetz* sympathisiert, stellt doch seine *General Theory* (1936) auch makroökonomische Aggregatgrößen in den Vordergrund.

33 Siehe: Joachim Starbatty, Die englischen Klassiker der Nationalökonomie, Darmstadt 1985, S. 108 ff.

34 Dabei leugnet er natürlich nicht die Existenz von Überproduktion bei einzelnen Gütern, also das, was Malthus *partial glut* nennt. Siehe: Jean Baptiste Say, Traité d'économie politique, op. cit., II S. 178

35 Siehe: Thomas Sowell, Says Law, op. cit., S. 103 f.

36 Nassau W. Senior, Drei Vorlesungen über die Höhe des Lohnes; in: Karl Diehl/Paul Mombert (Hrsg.), Ausgewählte Lesestücke zum Studium der politischen Okonomie, 3. Aufl., Bd. 2, Jena 1921, S. 73.

37 Dies soll nicht heißen, daß Bastiat nicht das *Saysche Gesetz* akzeptierte. Er bekennt sich zu diesem Gesetz deutlich in den *Harmonies Economiques* (1850); siehe: Frédéric Bastiat, Oeuvres Complètes de Frédéric Bastiat, 7 Bde., 2 Aufl., Paris 1862 ff., VI S. 398 ff.

38 Von allen jenen Propagandisten der Manchester-Bewegung hat nur ein Presseorgan bis in den heutigen Tag 'überlebt', nämlich die 1843 gegründete renommierte britische Wirtschaftszeitschrift *The Economist.*
Siehe: John Bright: Homage to a Liberal; in: The Economist, March 25, 1989, S. 25 ff.

39 Erschienen als 3. Band von Frédéric Bastiat, Oeuvres Complètes de Frédéric Bastiat, op. cit.

40 Band 2 von: Frédéric Bastiat, Oeuvres Complètes de Frédéric Bastiat, op. cit.

41 Paul A. Samuelson/William D. Nordhaus, Volkswirtschaftslehre, übers. v. J. Frenzel, 8. Aufl., Bd. 2, Köln 1987, S. 671

42 Friedrich August von Hayek, Einleitung zur amerikanischen Ausgabe von: Frédéric Bastiat, Selected Essays on Political Economy, Irvington-on-Hudson 1975, S. IX (Ubers. DD)
Wiederveröffentlicht in *The Collected Works of F. A. Hayek*, Bd. 3, Chicago 1991, S. 347 ff.

43 „L'état c'est la grande fiction à travers laquelle TOUT LE MONDE s'efforce de vivre aux dépens de TOUT LE MONDE." Frédéric Bastiat, Oeuvres complètes de Frédéric Bastiat, op. cit., IV S. 332

44 Keynes, so muß zugestanden werden, erkennt Malthus Vorläuferschaft an – ohne allerdings dessen Plädoyer für die Aristokratie zu erwähnen oder gar zu übernehmen. In seiner 1936 erstmals erschienenen *General Theory* meint er, daß die Theorie der Erhöhung der Staatsausgaben zur Beseitigung von Nachfrageschwächen „called down the opprobium of two centuries of moralists and economists who felt much more virtuous in possession of their austere doctrine that no sound remedy was discoverable except in the utmost of thrift and economy both by the individual and by the state. Petty's „entertainments, magnificent shews, triumphal arches, etc." gave place to the penny-wisdom of Gladstonian finance and to a state system which „could not afford" hospitals, open spaces, noble buildings, even the preservation of ancient monuments, far less the splendours of music and the drama, all of which were consigned to the private charity or magnanimity of improvident individuals.
The doctrine did not reappear in respectable circles for another century, until in the later phase of Malthus the notion of the insufficiency of effective demand takes a definite place as a scientific explanation of unemployment." John Maynard Keynes, The General Theory of Employment, Interest, and Money, San Diego/New York/London 1953, S. 362

45 John Bright, Selected Speeches of the Rt. Hon. John Bright, hrsg. von J. Sturge, London 1907, S. 232 (Ubers. DD)

46 „It is when the market price of Labour exceeds its natural price that the condition of the labourer is flourishing and happy, that he has it in his power to command a greater proportion of the necessaries and enjoyments of life, and therefore to rear a healthy and numerous family. When, however, by the encouragement which high wages give

to the increase of population, the number of labourers is increased, wages again fall to their natural price, and indeed from a reaction sometimes fall below it." David Ricardo, The Principles of Political Economy and Taxation, eingeleitet von F. W. Kolthammer, London 1911, S. 53

47 E. Teilhac, Pioneers of American Economic Thought in the Nineteenth Century, übers. von E. A. J. Johnson, New York 1936, S. 100 ff. argumentiert, daß Bastiat und Carey unabhängig voneinander Theorien von Jean-Baptiste Say weiterentwickelt hätten.

48 Frédéric Bastiat, Oeuvres Complètes, Bd. 6, op. cit., S. 250 (Übersetzung DD)

49 Charles Gide/Charles Rist, A History of Economic Doctrines, 2. Aufl., London 1948, S. 347

50 ebd., S. 335

51 Dies widerlegt die gängige Behauptung, daß Liberalismus notwendigerweise mit atheistischen oder agnostischen Theorien einhergehen muß. Zu dem Themenkreis Religion, Liberalismus und Bastiat, siehe: Ralph Raico, The Fusionists on Liberalism and Tradition; in: New Individualist Review, Vol. 3, No. 3, 1964, S. 31

52 Die Idee, die Zielgerichtetheit menschlichen Handelns als Grundaxiom für das gesamte wirtschaftswissenschaftliche Denken anzunehmen, findet sich u. a. in: Ludwig von Mises, Die Nationalökonomie, Genf 1940, S. 11
Mises' amerikanischer Schüler Murray Rothbard hat dieses Axiom erstmals mit der aristotelisch-thomistischen Tradition verbunden. Siehe: Murray Rothbard, Man, Economy and State, 2. Aufl., Auburn1993, S. 435
Eine systematische und ausführliche Formulierung des Zusammenhanges zwischen marktwirtschaftlichen und aristotelisch-thomistischen Denken wurde in jüngster Zeit versucht in: Douglas B. Rasmussen/Douglas J. Den Uyl, Liberty and Nature. An Aristotelian Defense of Liberal Order, La Salle /Ill. 1991. Hierbei wird u. a. auf die klassische Rechtfertigung des Eigentums durch das Naturrecht hingewiesen. Diese findet sich natürlich auch bei Bastiat.

53 Daß Bastiats Theorie hier eine 'offene Flanke' vorweist, meint zurecht: R. F. Hébert, Claude Frédéric Bastiat, op. cit., S. 51: „A more fundamental criticism is that Bastiat's theory, notwithstanding denials to the contrary, is simply a labour theory in different guise."

54 siehe James A. Dorn, Law and Liberty: A Comparison of Hayek and Bastiat; in: Journal of Libertarian Studies, Vol. V., No. 4, Herbst 1981, S. 375 ff.

55 Siehe hierzu: Arnaud Pellisier Tanon, Hédonisme et Propriété chez Frédéric Bastiat. Essai sur les critiques portées sur son libéralisme par deux catholiques économistes, ses contemporains; in: Journal des Economistes et des Etudes Humaines, Vol. IV, No. 4, Decembre 1993, S. 589 ff.

56 Eine kurze und aus aktueller Sicht verfaßte Analyse der verschiedenen Ansätze, die dem Harmoniegedanken in der Ökonomie zugrunde liegen können, findet sich bei: Israel Kirzner, Economic Harmony; in: J. Eatwell, M. Milgate, P. Newman (Hrsg.), The New Palgrave: The Invisible Hand, London 1987, S. 94 ff.

57 Insbesondere in der 1792 verfaßten äußerst einflußreichen Schrift *Ideen zu einem Versuch, die Grenzen der Wirksamkeit des Staates zu bestimmen.*

58 Besonders deutlich in seinem 1884 erschienenen Werk *The Man vs. the State*, das vor der „kommenden Sklaverei" des sozialistischen Staates warnt.

59 *Herbert* ist einer der wenigen Denker, die den von Bastiat formulierten Freiheitsgedanken in noch konsequenterer und radikalerer Form verfechten. Bastiat erkennt in den *Harmonies Économiques* klar, daß jede Besteuerung ein repressiver Akt sei, da – im Gegensatz zum freiwilligen Tauschakt auf dem Markte – der Zahlung keine definierte und gleichwertige Gegenleistung des Staates durch öffentliche Dienste entsteht. Bastiat stellt aber das Prinzip der staatlichen Zwangsbesteuerung nicht in Frage, da er meint, daß auch sein Minimalstaat so finanziert werden müsse. Herbert schlägt dagegen in seiner 1884 erschienen Schrift *The Right and Wrong of Compulsion by the State* die Ersetzung der staatlichen Zwangsbesteuerung durch *voluntary Taxation* (freiwillige Steuern) vor.
Dies ist ein typisches Beispiel dafür, daß minimalstaatliche Argumente schnell in anarchistische umschlagen können. Derartiges kommt selbst bei direkten Schülern Bastiats vor. Genannt sei hier der Ökonom *Gustave de Molinari.*

60 Bastiat erläutert den Begriff ausführlich in seiner 1848 erschienenen kleinen Schrift *Propriété et Spoliation*. Siehe: Oeuvres complètes, IV S. 394 ff.

61 siehe; John Morley, The Life of Richard Cobden, op. cit. S. 70

62 ebd., S. 125 (Übers. DD)

63 zit. nach: Detmar Doering (Hrg.), Kleines Lesebuch über den Liberalismus, St. Augustin 1992, S. 91

64 Für die meist vernachlässigten nicht-ökonomischen Aspekte der Schriftstellerkarriere Dunoyers sei empfohlen: Leonard P. Liggio, Charles Dunoyer and French Classical Liberalism; in: Journal of Libertarian Studies, Vol. 1, No. 3, 1977, S. 153 ff.

65 Zu erwähnen sei die von Prince-Smith noch im Erscheinungsjahr der französischen Originalfassung herausgegebene (!) Übersetzung der *Harmonies économiques* unter dem Titel: Friedrich (Frédéric) Bastiat, Volkswirthschaftliche Harmonien, Berlin 1850. Weite Verbreitung findet auch: Friedrich Bastiat, Eine Auswahl aus seinen Werken, hrsg. v. K. Braun-Wiesbaden, Berlin 1880

66 Zitiert nach: Friedrich Bastiat, Eine Auswahl aus seinen Werken, op. cit., S. VII (Vorwort)

67 „Theoretisch stützten sich die Freihändler neben Smith auf Frédéric Bastiat (1801-1850), der darauf hinweist, daß erst die uneingeschränkte wirtschaftliche Freiheit die Vollendung der von Smith erwähnten Harmonie bringe und alle Interessengegensätze ausgleiche. Daher verlangt die praktische Durchsetzung der liberalen Lehre zuerst und vor allem Freihandel." Harald Winkel, Die deutsche Nationalökonomie im 19. Jahrhundert, Darmstadt 1977, S. 39

68 In den Vereinigten Staaten tobt seit den 1830er Jahren ein besonders heftiger Streit um Freihandel und Protektionismus. Dieser Streit – und nicht so sehr die Frage der Sklaverei – ist die wahre Ursache für den Bürgerkrieg von 1861-65. Erstaunlich ist, daß dabei der Süden die liberalere (freihändlerische) Position vertricht. Die südlichen *Konföderierten Staaten* schreiben sogar (einzigartig in der Geschichte!) 1861 das Verbot des Protektionismus in ihrer Verfassung fest. Siehe hierzu: Stephen Caine, The Question still lives. Lessons from the Constitution of the Confederate States of America; in: The Freeman. Ideas on Liberty, Vol, 43, No. 5, May 1993, S. 194 ff.
Zu den wichtigsten amerikanischen Freihändlern gehört der New Yorker Publizist *William Leggett*, der in seinen beiden Zeitschriften, *The Plaindealer* und *The Evening Post* schon in den 30er Jahren den *laissez-faire Liberalismus* mit dem gleichen Eifer und der gleichen stilistischen Eleganz verfricht wie es später Bastiat in Frankreich tut. Eine Auswahl seiner Editorials findet sich in: William Leggett, Democratic Editorials. Essays in Jacksonian Political Economy, hrgs. v. L. White, Indianapolis 1984.
Ebenfalls erwähnt werden muß der aus *South Carolina* stammende Ökonom *Thomas Cooper*, dessen 1830 erschienes Buch *Lectures on The Elements of Political Economy* das wohl bedeutendste ökonomische Werk ist, das in den Vereinigten Staaten vor dem Bürgerkrieg produziert wird. Irgendeine direkte Beziehung von Leggett oder Cooper zu Bastiat läßt sich aber nicht nachweisen.
Die Frage der Sklaverei verhindert jedes Bündnis zwischen den *'südstaatlichen'* Freihändlern und den Freihandelsbewegungen in Europa. Im Gegenteil: Es ist im wesentlichen sogar gerade der kompromißlos liberalen Position Cobdens und Brights zu verdanken, daß z. B. England nicht für den Süden Partei ergriff.

69 Hugette Durand, Frédéric Bastiat; in: International Encyclopedia of the Social Sciences, hrsg. v. D. Sills, Vol. 2, 1968, S. 26 (Übers. DD)

70 Gustave de Molinari, Frédéric Bastiat, notice sur sa vie et ses écrits; in: Journal des Economistes, Feb. 1851, S. 180 ff.

71 Etwa die völlige bauliche Umgestaltung von Paris durch Baron Haussmann.
Siehe: Alfred Cobban, A History of Modern France, 3 Bde., 2 Aufl., Harmondsworth 1965, II S. 167 ff.

72 Zitiert nach: Detmar Doering, Eine Lanze für den Manchester-Liberalismus, op. cit., S. 81

73 Ferdinand Lasalle, Herr Bastiat-Schulze von Delitzsch, der ökonomische Julian, oder: Kapital und Arbeit, Berlin 1864
Schulze-Delitzsch befürwortet freiwillige Zusammenschlüsse von Arbeitern und Bauern in Genossenschaften, um so deren Position im freien Wirtschaftsleben zu stärken.

Der Streit zwischen dem Liberalen Schulze-Delitzsch und dem Sozialisten Lasalle geht darum, ob die Genossenschaften durch den Staat subventioniert werden dürften. Schulze-Delitzsch lehnt dies ab, u. a. mit der Begründung, daß mit der Abschaffung des unternehmerischen Risikos für die Genossenschaften die gesamte Wirtschaft in ihrer Leistungskraft (zu Lasten aller!) geschwächt würde. Bei seiner Argumentation greift er explizit auf Bastiats *Harmonies Économiques* zurück.
Siehe hierzu: Rita Aldenhoff, Schulze-Delitzsch. Ein Beitrag zur Geschichte des Liberalismus zwischen Revolution und Reichsgründung, Baden-Baden 1984, S. 183 ff.

74 Es bleibt anzumerken, daß eine solche Verdammung des Manchestertums als verantwortlich für die tatsächlich bestehenden sozialen Spannung im 19. Jh. schon deshalb unredlich ist, weil sich seine Ideale in der Realität nur zu einem Bruchteil haben durchsetzen können. Nicht einmal in England gab es je wirklich eine Zeit des Manchester-Laissez Faire. Siehe: Ellen Frankel Paul, Laissez Faire in Nineteenth Century Britain: Fact or Myth?; in: Literature of Liberty, Vol. III, No. 4, 1980, S. 5 ff.

75 Molinari hat sich vor allem stets in den Vereinigten Staaten großer Beliebtheit erfreut, wo schon früh eine Übersetzung der *Societé future* (The Society of Tomorrow, New York 1904) erscheint. Umfassend über sein Werk informiert: David M. Hart, Gustave de Molinari and the Anti-statist Liberal Tradition; in: Journal of Libertarian Studies, Vol. V, No. 3 u. 4/Vol. VI, No. 1, 1981

76 Dazu gehören auch die *Harmonies Économiques*, die unter folgendem Titel veröffentlicht werden: Frédéric Bastiat, Economic Harmonies, übersetzt von W. H. Boyers, Irvington-on-Hudson 1964. Von dieser Ausgabe erschienen bereits mehrere Ausgaben, zum Teil sogar in Paperback-Form. Nichts veranschaulicht die Popularität Bastiats in den USA so deutlich wie die Tatsache, daß die 1950 erstmals erschienene von Dean Russell besorgte amerikanische Übersetzung von *La Loi* unter dem Titel *The Law* 1990 bereits in der 15. Auflage ging.
Die amerikanischen Wiederveröffentlichungen werden vor allem von der *Foundation for Economic Education* in Irvington-on-Hudson nahe New York massiv betrieben.

77 Siehe: Teresa Gorman, The Legacy of Frédéric Bastiat, op. cit., S. 1

78 Erstmals seit Jahrzehnten erscheint dort z. B. wieder eine Sammlung seiner wichtigsten kleineren Schriften: Frédéric Bastiat, Oeuvres Économiques, eingeleitet v. F. Aftalion, Paris 1983. Zehn Jahre danach erscheint abermals eine kleine Textsammlung unter dem Titel: Frédéric Bastiat, Ce qu'on voit et ce qu'on ne voit pas. Choix de sophismes et des pamphlets économiques, Paris 1993. Sogar ein akademischer Kreis, genannt *Cercle Bastiat*, hat sich formiert, um den Lehren Bastiats wieder zu Ansehen zu verhelfen. Im renommierten *Journal des Economistes* schreibt dieser Kreis 1993 sogar einen großen und hochdotierten Essay-Wettbewerb unter dem Titel *Bastiat précurseur d'Hayek* aus.

Denker der
Freiheit

Der Liberalismus kann auf eine stolze Geistestradition zurückblicken. Große Denker aller Wissenschaftsdisziplinen haben sich ihm und seiner Freiheitsidee verschrieben. Bei der Auseinandersetzung mit anderen politischen Strömungen braucht der Liberalismus die stete Rückbesinnung auf seine Geistesgeschichte. Nur so kann er sich immer wieder erneuern, ohne sich von seinen Gegnern zur Anpassung an freiheitsfeindliche Tendenzen verführen zu lassen. Denker der Freiheit soll diese Rückbesinnung ermöglichen.

In jeder Ausgabe von Denker der Freiheit werden Leben, Werk und Wirkung eines bedeutenden Verfechters der liberalen Idee von einem renommierten Experten gewürdigt. Damit macht das Liberale Institut der Friedrich-Naumann-Stiftung die große Geistesgeschichte des Liberalismus wieder für jedermann zugänglich.

Band 1:
Hardy Bouillon

John Locke

Liberales Institut der
Friedrich-Naumann-Stiftung.
1997. 48 S. 14,– DM.
14,8 x 21 cm. 3-89665-021-1.

Band 2:
Roland Hahn

Wilhelm Röpke

Liberales Institut der
Friedrich-Naumann-Stiftung.
1997. 56 S. 14,– DM.
14,8 x 21 cm. 3-89665-020-3.

 **Academia Verlag
Sankt Augustin**

Postfach 16 63 · D-53734 Sankt Augustin
Tel. 0 22 41/34 52 1-0 · Fax 34 53 16
Internet: http://www.raps.com/academia
E-mail: 100325.3207@compuserve.com

Argumente der Freiheit

Band 1:
Gerhard Schwarz

Die „soziale Kälte" des Liberalismus – Versuch einer Klärung

Liberales Institut
der Friedrich-Naumann-Stiftung.
1997. 46 S. 14,– DM.
14,8 x 21 cm. 3-89665-024-6.

Band 2:
Stefan Blankertz

Wie liberal kann Staat sein?

Liberales Institut
der Friedrich-Naumann-Stiftung.
1997. 50 S. 14,– DM.
14,8 x 21 cm. 3-89665-023-8.

Band 3:

Kleines Lesebuch über den Liberalismus

Ausgewählt, eingeleitet und
kommentiert von Detmar Doering
Liberales Institut
der Friedrich-Naumann-Stiftung.
1997. 107 S. 16,– DM.
14,8 x 21 cm. 3-89665-025-4.

Klassiker der Freiheit

Band 1:
Ludwig von Mises

Liberalismus

Hrsg. von der
Friedrich-Naumann-Stiftung.
Mit einer Einführung von
Hans-Hermann Hoppe
1993. 228 S. 29,50 DM. 14,8 x 21 cm.
3-88345-428-1.

Band 2:
Adam Smith

Vorlesungen über Rechts- und Staatswissenschaften

Hrsg. von der Friedrich-Naumann-
Stiftung, Übers., Einf. und Kommentie-
rung von Daniel Brühlmeier.
1996. 290 S. 29,50 DM. 14,8 x 21 cm.
3-88345-714-0.

Band 3:
Ludwig von Mises

Die Bürokratie

Liberales Institut der
Friedrich-Naumann-Stiftung.
1997. 128 S.18,– DM. 14,8 x 21 cm.
3-89665-026-2.

 **Academia Verlag Sankt Augustin**

Postfach 16 63 · D-53734 Sankt Augustin
Tel. 0 22 41/34 52 1-0 · Fax 34 53 16
Internet: http://www.raps.com/academia
E-mail: 100325.3207@compuserve.com